DAS RECHT DER ARBEIT IN EUROPA

Vergleichendes und Europäisches Arbeitsrecht

Vorlesung

von

Dr. Harun Pačić

Privatdozent der Universität Wien,
Professor (FH) an der Fachhochschule des BFI Wien.

Harun Pačić

DAS RECHT DER ARBEIT IN EUROPA

Vergleichendes und Europäisches Arbeitsrecht

Bibliografische Information der Deutschen Nationalbibliothek:
Die Deutsche Nationalbibliothek verzeichnet diese Publikation
in der Deutschen Nationalbibliografie; detaillierte bibliografische Daten sind im Internet über http://dnb.dnb.de abrufbar.

Herstellung und Verlag: BoD – Books on Demand, Norderstedt

ISBN: 978-3-7504-3097-6

Inhaltsverzeichnis.

Einleitung.

Dies ist die Schriftfassung dreier Vorträge, die ich im Frühjahr im Rahmen der Vorlesung: *Vergleichendes und Europäisches Arbeitsrecht* an der Andrássy Universität in Budapest gehalten habe; in Nachfolge von Univ.-Prof. Dr. Robert *Rebhahn*.[1]

Die Vorträge bildeten den ersten Teil der Vorlesung, welcher darauf ausgerichtet war, die Studierenden an das Arbeitsrecht in der EU *heran*zuführen. Prof. Dr. Thomas *Lobinger* von der Universität Heidelberg hat sie sodann im zweiten Teil derselben vertiefend *in* das Arbeitsrecht *der* EU *ein*geführt.

Für Studierende der Universität Wien war mein Teil auch als thematisch geschlossene Vorlesung: *Arbeitsrechtsvergleichung* zu hören. Ihrem Wunsch nach einer *prägnanten* Schriftfassung komme ich nun aus Anlass des 60. Geburtstags von Univ.-Prof. Dr. Wolfgang *Mazal* nach, welchem sie herzlichst gewidmet ist.

Wien, im Dezember 2019.   Harun Pačić

---

[1] Vgl. H. Pačić, Einführung in die Arbeitsrechtsvergleichung, in: C. Kietaibl, F. Schörghofer, W. Schrammel (Hrsg.), Rechtswissenschaft und Rechtskunde, Liber Amicorum für Robert Rebhahn, Manz, Wien 2014, S. 91 (bis 109).

1. Vortrag.

Rechtsvergleichung ist der (kritische) Abgleich der Rechtslage verschiedener Rechts*ordnung*en zur Abklärung einer sinnvollen Rechtsfrage.[2] Fragen wir nach *über*greifenden Grundsätzen im Europäischen Arbeitsrecht, so ist dies, obzwar das Arbeitsrecht hauptsächlich (mitglied-)staatlich (autonom) geregelt ist, kein sinnloses Unterfangen, denn die Europäische Union begründet ein *durch*greifendes Rechts*system*.[3]

Innergemeinschaftliche Vergleiche können verschiedensten Zwecken dienen; *wir* bezwecken: Grundlagenforschung für ein gemeinsames *Vor*verständnis.[4]

Das Arbeitsrecht hat sich in Europa zu einem Rechtsgebiet mit ausgeprägten Bezügen zum öffentlichen Recht entwickelt, fußt aber auf dem Zivilrecht; von seinen (Grund-)Zügen her ist es privatrechtlich *vor*geprägt.[5] Eine Einteilung in Rechtskreise ist *hier* aber wenig ergiebig, insb. im kollektiven Arbeitsrecht.[6]

---

[2] Vgl. H. Pačić, Vergleichende Rechtslehre, Einführung in die Grundlagen der Rechtsvergleichung, Working Paper Series, University of Applied Sciences BFI Vienna, Nr. 107/2019, S. 4; R. Krause, Was sind geeignete Vergleichsparameter und was rechtfertigt die Länderwahl? EuZA 1/2010, S. 19.

[3] Vgl. H. Pačić, Methoden der Rechtsfindung im Europäischen Arbeits- und Sozialrecht, in: P. Aschauer und E. Kohlbacher (Hrsg.), Jahrbuch Sozialversicherungsrecht 2015, NWV, Wien 2015, S. 193 bis 215; R. Rebhahn, Aktuelle Entwicklungen des Europäischen Arbeitsrechts, Zentrum für Europäisches Wirtschaftsrecht, Bonn 2008, S. 3; derselbe, Arbeitsrechtsvergleichung in Europa, ZEuP 3/2002, 436 bis 465 (450); R. Birk, Arbeitsrecht und Rechtsvergleichung, ZVglRWiss 100 (2001), S. 51 ff.; M. Reimann, Rechtsvergleichung und Rechtsgeschichte im Dialog, ZEuP 1999, S. 496 ff.

[4] Vgl. R. Rebhahn, Ziele und Probleme der Arbeitsrechtsvergleichung in Europa, ZEuP 2002, S. 436 ff.

[5] Vgl. J. Rainer, Introduction to Comparative Law, Manz, Wien 2010, S. 3.

[6] Vgl. R. Rebhahn, Collective Labour Law in Europe in a Comparative Perspective, Teil I, The International Journal of Comparative Labour Law and Industrial Relations, Band 19/3, im Jahr: 2003, S. 271-295 (272).

In der Europäischen Union ist das Arbeitsrecht in Ansehung ihrer Zuständigkeiten und Aufgaben wie auch in Anbetracht der (Rechts-)Topik des Europäischen Gerichtshofes (EuGH) zu den Binnenfreiheiten schwerlich von Fragen der sozialen Sicherheit zu lösen und zudem mit Regelungen für die unternehmerische Erwerbstätigkeit verknüpft.[7]

Das Recht der Arbeit in Europa *schützt* vor dem Missbrauch der Privatautonomie und *ordnet* das Arbeitsverhältnis hin zur sozialen Marktwirtschaft; das Sozialrecht *sichert* im Rahmen sowie auf dem Boden der (unions-)bürgerlichen Solidarität ein menschenwürdiges Leben.[8]

---

[7] Art. 151, 153 und 156 des Vertrages über die Arbeitsweise der EU (AEUV), konsolidierte Fassung vom 26. Oktober 2012, ABl C-326, S. 47.
Vgl. W. Schrammel und M. Windisch-Graetz, Europäisches Arbeits- und Sozialrecht, 2. Auflage, Facultas, Wien 2018, S. 19 ff.; R. Rebhahn, Principles of European Interpretation, EuZA 2017, S. 151; derselbe, Zur Methodenlehre des Unionsrechts, Sonderdruck aus: Moderne Arbeitswelt, Festschrift für R. Wank, hrsg. von M. Henssler, J. Joussen, M. Maties, U. Preis, C.H. Beck 2014; G. Kuras, Europarecht quo vadis? in: Gedenkschrift [GedS.] Robert Rebhahn, hrsg. von C. Kietaibl, R. Mosler und H. Pacic, Manz, Wien 2019, S. 287 ff; M. Herberger, Die Auslegung von Ausnahmevorschriften im Europäischen Arbeitsrecht, EuZA 2019, S. 310.
[8] Vgl. A. Jacobs, Labour and the Law in Europe, A Satellite View on Labour Law and Social Security Law in Europe, WLP, 2011, S. 1 ff. und 161 ff.

Wer Staatsbürger (Bürger*in*) eines Mitgliedstaats der EU ist, ist *auch* Unionsbürger und hat als solcher das (An-)Recht, sich in der Union frei zu bewegen und für einen Zeitraum bis zu drei Monaten in anderen Mitgliedstaaten aufzuhalten;[9] ist er (dort; unfreiwillig) arbeitslos geworden und hat sein Arbeitsverhältnis länger als ein Jahr gedauert, so behält er das Recht zu bleiben, wenn er sich dem (dortigen) Arbeitsamt zur Verfügung stellt.[10]

Hat das Arbeitsverhältnis *nicht* so lang gedauert, verlängert sich das Bleiberecht bloß auf sechs Monate; im Übrigen müsste er nachweisen, dass er für sich und seine Familienangehörigen über ausreichend Mittel zur Existenzsicherung und über einen Krankenversicherungsschutz verfügt.[11] Er und die Angehörigen dürfen nicht ausgewiesen werden, solange er weiterhin Arbeit sucht und begründete Aussicht besteht, solche zu finden.[12]

---

[9] Art. 20 f AEUV; Richtlinie 2004/38/EG des Europäischen Parlaments und des Rates vom 29. April 2004 über das Recht der Unionsbürger und ihrer Familienangehörigen, sich im Hoheitsgebiet der Mitgliedstaaten frei zu bewegen und aufzuhalten, ABl L 158 vom 30.4.2004, S. 77; Verordnung (EU) 2016/399 des Europäischen Parlaments und des Rates vom 9. März 2016 über einen Gemeinschaftskodex für das Überschreiten der Grenzen durch Personen (Schengener Grenzkodex), ABl L 77 vom 23.3.2016; Art. 45 Abs. 1 der GRC – Charta der Grundrechte der Europäischen Union, ABl C 202 vom 7. Juni 2016, S. 391 bis 407.

[10] Art. 7 Abs. 3 lit. b RL 2004/38/EG.

[11] Art. 7 Abs. 1 lit. b; Abs. 3 lit. c RL 2004/38/EG.

[12] Art. 14 Abs. 4 lit. b RL 2004/38/EG; EuGH 20.2.1997, Kommission/Belgien, C-344/95, Slg. 1997, I-1035.

Arbeitssuchenden Unionsbürgern dürfen finanzielle Leistungen des Aufnahmestaates, die den Zugang zum Arbeitsmarkt erleichtern sollen, zwar nicht verweigert werden, wohl aber die Sozialhilfe (als Hilfe zur Sicherung ihrer Grundbedürfnisse und derjenigen ihrer Angehörigen).[13]

Nicht erwerbstätigen Unionsbürgern (und den Angehörigen) steht das allgemeine Aufenthaltsrecht (überhaupt) nur solange zu, als sie die Leistungen der Sozialhilfe des Aufnahmestaates nicht inadäquat in Anspruch nehmen; eine Inanspruchnahme derselben ist aber an sich kein Ausweisungsgrund.[14]

---

[13] Art. 45 AEUV; Art. 24 Abs. 2 RL 2004/38/EG; EuGH 4.6.2009, C-22, Slg 2009, I-4585 (Vatsouras und Koupatantze); EuGH 19.3.2013, C-140/09 (Brey); EuGH 11.11.2014, C-333/13 (Dano); EuGH 15.9.2015; C-67/14 (Alimanovic).

Vgl. E. Felten, Sozialtourismus in der EU – Möglichkeiten und Grenzen der Optimierung von Sozialleistungen nach dem Unionsrecht, DRdA 2012, S. 461.

[14] Art. 14 Abs. 1; Abs. 3 RL 2004/38/EG.

Vgl. M. Windisch-Graetz, Zugang zu Sozialleistungen unter Berücksichtigung des Aufenthaltsstatus, DRdA 2015, S. 444.

Steht einem Unionsbürger das Recht auf Aufenthalt oder (nach fünf Jahren sogar) auf Daueraufenthalt zu und wird er vom Ehegatten (eingetragenen Lebenspartner) oder gewissen Kindern oder Eltern begleitet oder ziehen diese nach, so sind sie als Angehörige ungeachtet *ihrer* Staatsbürgerschaft befugt, eine Erwerbstätigkeit im Aufnahmestaat aufzunehmen.[15] Eine häusliche Gemeinschaft wird nicht vorausgesetzt; insoweit das Unionsrecht auf Unterhaltsgewährung abstellt, ist die faktische Leistung maßgeblich, nicht die rechtliche Verpflichtung dazu.[16]

Die(se) Kinder dürfen am allgemeinen Unterricht und an der Lehrlings- und Berufsausbildung teilnehmen und solche selbst dann noch fortsetzen, wenn die Eltern wieder in ihren Heimatstaat zurückgekehrt sind.[17] Stirbt der Unionsbürger oder zieht er weg, steht auch dem drittstaatsangehörigen Elternteil, das mit der Obsorge für das Kind betraut ist, bis zur Beendigung der Ausbildung ein Aufenthaltsrecht zu; im Übrigen gewährt ihnen das Unionsrecht ein solches (auf persönlicher Grundlage; nur) unter gewissen Voraussetzungen.[18]

---

[15] Art. 16 und Art. 23 RL 2004/38/EG: Richtlinie 2003/109/EG des Rates vom 25. November 2003 betreffend die Rechtsstellung der langfristig aufenthaltsberechtigten Drittstaatsangehörigen, ABl 2004 L 16 vom 23.1.2004, S. 44; Richtlinie 2003/86/EG des Rates vom 22. September 2003 betreffend das Recht auf Familienzusammenführung, ABl L 251 vom 3.10.2003, S. 12-18.
[16] EuGH 13.2.1985, Diatta, 267-83, Slg. 1985, 567; EuGH 16.12.1976, 63/76, Slg. 1976, 2057 (Inzirillo); EuGH 18.6.1987, 316/85, Slg. 1987, 2811 (Lebon); EuGH 19.10.2004, C-200/02, Slg. 2004, I-9925 (Chen).
[17] Art. 10 der Verordnung (EU) Nr. 492/2011 des Europäischen Parlaments und des Rates vom 5. April 2011 über die Freizügigkeit der Arbeitnehmer innerhalb der Union, ABl L 141 vom 27.5.2011, S. 1; EuGH 15.3.1989, Echternach und Moritz, 389/87, Slg. 1989, 723; EuGH 17.9.2002, C-413/99, Slg. 2003, I-7091 (Baumbast und "R"); Art. 13 Abs. 3 RL 2004/38/EG.
[18] EuGH 17.9.2002, C-413/99, Slg. 2002, I-7091; EuGH 19.10.2004, C-200/02, Slg. 2004, I-9925; EuGH 23.2.2010, C-480/08, Slg. 2010, I-1107 (Teixeira); Art. 12 und Art. 13 RL 2004/38/EG.

Ausreise-, Einreise- und Aufenthaltsrechte der Unionsbürger und Angehörigen dürfen von Mitgliedstaaten nicht aus (bloß) wirtschaftlichen, sondern nur aus (gravierenden) Gründen der öffentlichen Ordnung, Sicherheit oder Gesundheit beschränkt werden; willkürliche Unterschiede zwischen Staatsangehörigen zu machen ist indes keineswegs gestattet.[19]

Vorbehaltlich aus (eben-)*solchen* Gründen gerechtfertigter Beschränkungen, leistet das Unionsrecht innerhalb der Union Gewähr für die *Freizügigkeit* der Arbeitnehmer (-*innen*), indem *sie* ihnen das Recht gewährt, sich auf Stellen zu bewerben, sich zu diesem Zweck auf Hoheitsgebieten der Mitgliedstaaten frei zu bewegen, sich dort aufzuhalten, um eine Beschäftigung auszuüben und unter gewissen Bedingungen nach der Beendigung derselben dort zu verbleiben.[20]

---

[19] Kapitel VI der RL 2004/38/EG; EuGH 8.4.1976, 48/75, Slg. 1976, 497 (Royer); EuGH 18.5.1982, 115, 116/81, Slg. 1982, 1665 (Adoui und Cornuaille); EuGH 15.5.1986, 222/84, Slg. 1986, 1651 (Johnston); EuGH 19.1.1999, C-348/96, Slg. 1999, I-11 (Calfa).

[20] Art. 45; Art. 355 AEUV; Art. 2 Abs. 1 wie auch Art. 3 Abs. 1 der Verordnung (EWG) Nr. 1251/70 der Kommission vom 29. Juni 1970 über das Recht der Arbeitnehmer, nach Beendigung einer Beschäftigung im Hoheitsgebiet eines Mitgliedstaates zu verbleiben, ABl L 142, S. 25, berichtigt im ABl L 3224 vom 16.12.1975, S. 31.

Ein Bürger der Union kann sich sowohl dem Aufnahmestaat als auch dem Heimaltland gegenüber und sogar schon dann auf die Arbeitnehmer*freizügigkeit* stützen, wenn er den Wohnsitz ins Ausland verlegt, ohne seine Beschäftigung im Heimatstaat aufzugeben.[21] Auf Freizügigkeit können sich auch Arbeitgeber (Arbeitgeber*innen*) berufen; *so* dann, wenn nationales Recht sie nötigen würde, inländische oder (nur) im Inland wohnhafte Arbeitnehmer zu beschäftigen.[22]

Im Fokus stehen (jedoch) freilich die Arbeitnehmer (selbst), wobei es hierfür um Leute geht, die sich insofern wirtschaftlich betätigen, als sie Dienstleistungen in rechtlicher *Unter*ordnung erbringen und dafür eine Vergütung erhalten.[23]

---

[21] EuGH 26.1.1999, C-18/95, Slg. 1999, I-345 (Terhoeve); EuGH 21.2.2006, C-152/03, Slg. 2006, I-1171 (Ritter Coulais); EuGH 18.7.2007, C-212/05, Slg. 2007, I-6303 (Hartmann); EuGH 11.9.2007, C-287/05, Slg. 2007, I-6909 (Hendrix)

[22] EuGH 7.5.1998, C-350/96, Slg. 1998, I-2521 (Clean Car Autoservice).

[23] Art. 1 der Verordnung (EU) Nr 493/2011 des Europäischen Parlaments und des Rates vom 5. April 2011 über die Freizügigkeit der Arbeitnehmer innerhalb der Union, ABl L 141 vom 27.5.2011, S. 1; EuGH 3.6.1986, 139/85, Slg. 1986, 1741 (Kempf); EuGH 3.7.1986, 66/85, Slg. 1986, 2121 (Lawrie-Blum); EuGH 12.5.1988, C-85/96, Slg. 1998, I-2691 (Martinez Sala); EuGH 8.6.1999, C-337/97, Slg. 1999, I-3289 (Meerusen); EuGH 27.6.1996, C-107/94, Slg. 1996, I-3089 (Asscher); EuGH 31.5.1989, 344/87, Slg. 1989, 1621 (Bettray); EuGH 4.2.2010, C-14/09 (Genc); EuGH 23.3.1982, 53 /81 (Levin); EuGH 26.3.2015, C-316/13 (Fenoll).
Vgl. A. Junker, Der europäische Arbeitnehmerbegriff und seine Auswirkungen auf das nationale Arbeitsrecht, in: GedS. R. Rebhahn (2019), S. 177.

Die Union strebt das Ende jeder auf der Staatsangehörigkeit beruhenden unterschiedlichen Behandlung von Arbeitnehmern in Bezug auf Beschäftigung, Entlohnung und jedwede sonstige Arbeitsbedingung an.[24] Die Freizügigkeit steht beschränkenden nationalen Maßnahmen auf allen Regelungsebenen entgegen, auch wenn sie unterschiedslos angewendet würden; es wäre denn, solche würden sachlich gerechtfertigt und wären zudem nicht inadäquat.[25]

Nur für Beschäftigte in der öffentlichen Verwaltung, die (und soweit sie) an der Ausübung hoheitlicher Befugnisse im öffentlichen Interesse teilnehmen, ist sie nicht zwingend, sofern die Tätigkeit eine Verbundenheit mit dem Staat voraussetzt, die des Bandes der Staatsbürgerschaft regelrecht *bedarf*, wie das etwa beim Wehr- oder Polizeidienst und in der Rechtsprechung der Fall ist.[26]

---

[24] Art. 45 Abs. 2 AEUV.

[25] EuGH 12.2.1974, 152/73, Slg. 1974, 153 (Sotgiu); EuGH 12.12.1974, 36/74, Slg. 1974, 1405 (Walrave und Koch); EuGH 27.9.1988, 81/87, Slg. 1988, 5483 (Daily Mail); EuGH 20.5.1992, C-106/91, Slg. 1992, I-3375 (Ramrath); EuGH 31.3.1993, C-19/92, Slg. 1993, I-1663 (Kraus); EuGH 20.1.1994, C-129/92, Slg. 1994, I-117 (Owens Bank); EuGH 14.2.1995, C-279/93, Slg. 1995, I-225 (Schumacker); EuGH 15.12.1995, C-415/93, Slg. 1995, I-4921 (Bosman); EuGH 12.9.1996, C-278/94, Slg. 1996, I-4307 (Komm/Belgien); EuGH 12.3.1998, C-187/96, Slg. 1998, I-1095 (Komm/Griechenland); EuGH 29.10.1998, C-114/97, Slg. 1998, I-6717 (Komm/Spanien); EuGH 27.1.2000, C-190/98, Slg. 2000, I-493 (Graf); EuGH 6.6.2000, C-281/98, Slg. 2000, I-4139 (Angonese); EuGH 21.2.2006, C-152/03, Slg. 2006, I-1171 (Ritter Coulais).

[26] Art. 45 Abs. 4 AEUV; EuGH 17.12.1980, 149/79, Slg. 1980, 3881; EuGH 3.6.1986, 307/84, Slg. 1986, 1725; EuGH 3.7.1986, 66/85, Slg. 1986, 2121; EuGH 2.7.1996, C-473/93, Slg. 1996, I-3207 (Komm/Luxemburg).

Da der Zugang zu freien Stellen nicht selten vom Nachweis der Befähigung zur Ausübung der (Berufs-)Tätigkeit abhängt, sind öffentliche Einrichtungen verpflichtet, (auch) ausländische berufliche Qualifikationen anzuerkennen, wenn und weil diese den inländischen entsprechen.[27] Problematisch können vor dem Hintergrund der Freizügigkeit solche Regelungen sein, die die Arbeitnehmer nach Absolvierung einer (Berufs-)Ausbildung beim künftigen Arbeitgeber zum Abschluss des Arbeitsvertrags mit *diesem* verpflichten; gleiches gilt für Kontingente für die Beschäftigung ausländischer Arbeitnehmer, wie sie zuweilen im Berufssport zu finden sind.[28] Ausländische Arbeitnehmer genießen am Beschäftigungsort gleiche soziale und steuerliche Vergünstigungen wie inländischen Arbeitnehmer;[29] ungeachtet dessen, ob sie dort auch wohnen.[30]

---

[27] Richtlinie 2005/36/EG des Europäischen Parlaments und des Rates vom 7. September 2005 über die Anerkennung von Berufsqualifikationen, ABl L 255 vom 30.9.2005, S. 22; EuGH 7.5.1991, C-340/89, Slg. 191, I-2357; EuGH 8.7.1999, C-234/97, Slg. 1999, I-4773.

[28] EuGH 2.8.1993, Slg. 1993, I-4309 (Alluè); EuGH 8.5.2003, C-438/00, Slg. 2003, I-4135 (Kolpak); EuGH 12.4.2005, C-265/03, Slg. 2005, I-2579 (Simutenkov); EuGH 16.3.2010, C-325/08, Slg. 2010, I-2177 (Olympique Lyonnaise).

[29] Art. 7 Abs. 2 der VO (EU) 429/2011; EuGH 15.10.1969, 15/69, Slg. 1969, 363 (Ugliola); EuGH 12.2.1974, 152/73, Slg. 1974, 153 (Sotgiu); EuGH 30.9.1975, 32/75, Slg. 1975, 1085 (Cristini); EuGH 14.2.1982, 65/81, Slg. 1982 (Reina); EuGH 11.7.1985, 137/84 (Mutsch); EuGH 18.6.1987, 316/85, Slg. 1987, 2811; EuGH 23.5.1996, C-237/94, Slg. 1996, I-2617 (O'Flynn).
Vgl J. Stahlberg, Europäisches Sozialrecht, Dt. Anwalt, Bonn 1997, S. 152.

[30] EuGH 10.3.1993, C-111/91, Slg. 1993, 817; EuGH 27.5.1993, C-310/91, Slg. 1993, I-3011 (Schmid); EuGH 27.11.1997, C-57/96, Slg. 1997, I-6689 (Meints); EuGH 12.5.1998, C-85/96, Slg. 1998, I-2691 (Martinez Sala); EuGH 24.9.1998, C-35/97, Slg. 1998, I-5325; EuGH 8.6.1999, C-337/97, Slg. 1999, I-3289 (Meeusen); EuGH 6.7.2006, C-154/05, Slg. 2006, I-6249 (Kersbergen-Lap); EuGH 11.9.2007, C-287/05, Slg. 2007, I-6909 (Hendrix).
Vgl S. Huster, Grundfragen der Exportpflicht im europäischen Sozialrecht, NZS 1999, S. 10 ff.

Halten sich Staatsangehörige von *Drittländern* rechtmäßig im Hoheitsgebiet eines Mitgliedstaates auf, so kann ihnen nach Maßgabe *der Verträge*, das sind: der Vertrag über die EU und der Vertrag über die Arbeitsweise derselben, Freizügigkeit und Aufenthaltsfreiheit gewährt werden.[31]

Arbeitnehmerfreizügigkeit zwischen den Mitgliedstaaten der EU auf der einen und Norwegen, Liechtenstein und Island auf der anderen Seite ist durch das Abkommen über den Europäischen Wirtschaftsraum (EWR) gewährleistet. Ein gesondertes Freizügigkeitsabkommen regelt ihr Verhältnis zur Schweiz. Ein Assoziationsabkommen, das allerdings kein Recht auf Einreise und Zutritt, sondern auf bedingten Zugang zum gemeinschaftlichen Arbeitsmarkt gewährt, besteht mit der Türkei.[32] Mit den Anrainerstaaten des Mittelmeeres gibt es zwar Abkommen, die bei Arbeitsbedingungen Diskriminierungsverbote, nicht aber einen vom Aufenthaltstitel losgelösten Anspruch auf Zugang zur Beschäftigung enthalten. Ein Partnerschaftsabkommen mit der Russischen Föderation sieht gleichfalls keine Freizügigkeit der Arbeitnehmer vor.

---

[31] Art. 45 Abs. 2 GRC.
[32] Vgl. EuGH 5.10.1994, C-355/93, Slg. 1994, I-5113 (Eroglu); EuGH 5.6.1997, C-285/95, Slg. 1997, I-3069; EuGH 26.11.1998, C-1/97, Slg. 1998, I-7747; EuGH 17.4.1997, C-351/95, Slg. 1997, I-2133 (Kadiman); EuGH 16.12.1992, C-237/91, Slg. 1992, I-6781 (Kus); EuGH 4.5.1999, C-262/96, Slg. 1999, I-2685 (Sürül); EuGH 2.3.1999, C-416/96, Slg. 1999, I-1209 (El Yassini).

Für langfristig Aufenthaltsberechtigte steht der Arbeitsmarkt im betreffenden Mitgliedstaat offen, wiewohl mit Ausnahmen; *andere* Mitgliedstaaten könnten aber eine Arbeitsmarktprüfung für die (dortige) Ausübung der Erwerbstätigkeit durchführen.[33]

Bei grenzüberschreitenden Sachverhalten, sonach: solchen mit Auslandsberührung, sorgt das Europäische Kollisionsrecht vor, indem es die Rechtsordnung auszumachen ermöglicht, wonach ein Streitfall zu entscheiden ist; auch ist die Zuständigkeit der Behörden geregelt, die gegebenenfalls zur Entscheidung in der Sache berufen sind.[34]

---

[33] RL 2003/109/EG.

[34] Verordnung (EG) Nr. 593/2008 des Europäischen Parlaments und des Rates vom 17. Juni 2008 über das auf vertragliche Schuldverhältnisse anzuwendende Recht, ABl 2008 L 177, S. 6 (Rom I); (Römer) Übereinkommen über das auf vertragliche Schuldverhältnisse anwendbare Recht (EVÜ) vom 19. Juni 1980, ABL L 266, S. 1, konsolidierte Fassung ABl 1998, C 27, S. 34; Verordnung (EU) Nr. 1215/2012 des Europäischen Parlaments und des Rates vom 12. Dezember 2012 über die gerichtliche Zuständigkeit und die Anerkennung und Vollstreckung in Zivil- und Handelssachen, ABl 2012 L 351, S. 1 (Brüssel I, oder EuGVVO); Übereinkommen über die gerichtliche Zuständigkeit und die Vollstreckung gerichtlicher Entscheidungen in Zivil- und Handelssachen vom 27. September1968, konsolidierte Fassung ABl 1998 C 27, S. 1 (EuGVÜ).

Vgl. O. Deinert, Internationales Arbeitsrecht, Deutsches und europäisches Arbeitskollisionsrecht, Mohr Siebeck, Tübingen 2013. M. Windisch-Graetz, Arbeitsrechtliche Gestaltungsgrenzen bei grenzüberschreitenden Sachverhalten, in: W. Brodil (Hrsg.), Gestaltungsräume und neue Grenzen im Arbeitsrecht, Wiener Oktobergespräche 2016, Manz, Wien 2017, S. 19 bis 30.

Ein Arbeitnehmer kann vom Arbeitgeber allein in dem Staate *geklagt* werden, wo ersterer seinen Wohnsitz hat, wohingegen letzterer vor den Gerichten des Staates geklagt werden kann, wo er selbst wohnt, *oder* woanders; vor dem Gericht des Ortes, an dem der Arbeitnehmer gewöhnlich *seine* Arbeit verrichtet, oder subsidiär dort, wo sich die Niederlassung befindet, die den Arbeitnehmer eingestellt hat.[35]

Rechts*wahl* ist nun insoweit möglich, als solche in Ansehung zwingender Vorschriften des Staates, in dem oder von dem aus der Arbeitnehmer *gewöhnlich* arbeitet, nicht *un*günstiger ist.[36] Die verhandlungsschwächere Partei wird hier wie sonst durch Kollisionsnormen (mit Rücksicht auf sein *Umfeld*) geschützt.[37]

---

[35] Art. 30 ff. EuGVVO. Vgl. H. Blefgen, Die Anknüpfung an die einstellende Niederlassung des Arbeitgebers im Internationalen Arbeitsvertragsrecht, Nomos, Baden-Baden 2006.

[36] Art. 8 Rom-I-VO; EuGH 15.3.2011, C-29/10 (Koelzsch); EuGH 15.12.2011, C-384/10 (Voogsgeerd); EuGH 12.9.2013, C-64/12 (Schlecker).

Vgl. M. Windisch-Graetz, Grenzüberschreitende Arbeitsverhältnisse im Spannungsfeld von Rom I und Entsenderichtlinie, ZfRV 2015, S. 192.

[37] Vgl. Erwägungsgrund 23 der Rom-I-VO. Vgl. z.B. EuGH 15.3.2011, C-29/10.

Auch im Falle einer Entsendung ins Ausland bleibt das Recht des gewöhnlichen Arbeitsortes anwendbar; lässt es sich nicht ermitteln, so wird entscheidend sein, wo sich die Niederlassung befindet, worin die Einstellung des Arbeitnehmers erfolgt ist, wofern nicht *überhaupt* infolge engerer Verbindung zu einem anderen Staat, aus Gründen der *Billigkeit*, dessen Rechtsnorm zur Anwendung gelangt (Ausweichklausel).[38] Eingriffsnormen des Staates, in dem die Arbeit tatsächlich verrichtet wird, sind *stets* zu beachten; ihre Rechtfertigung ist an den gemeinsamen *Begründungs*standard gebunden.[39]

Die *Möglichkeit* einer Entsendung von Arbeitskräften ist im Rahmen des freien Dienstleistungsverkehrs dem Grunde nach geschützt;[40] *auch* gegen Arbeits*kampf*maßnahmen, welche sie ungerechtfertigt beschränken.[41]

---

[38] Art. 8 Abs. 3 Rom-I-VO; EuGH 12.9.2013, C-64/12 (Schlecker).

[39] Vgl. W.J. Pfeil, Grenzüberschreitender Einsatz von Arbeitnehmern, DRdA 2008, S. 3.

[40] Art. 56 ff. AEUV; Richtlinie 2006/123/EG des Europäischen Parlaments und des Rates vom 12. Dezember 2006 über Dienstleistungen im Binnenmarkt, ABl 2006 L 376, S. 36; EuGH 9.8.1994, C-43/93, Slg. 1994, I-3681 (Vander Elst); EuGH 28.3.1996, C-272/94, Slg. 1996, I-1905 (Guiot); EuGH 23.11.1999, C-369/96 und C-376/96, Slg. 1999, I-9453 (Arblade).

Vgl. R. Rebhahn, Entsendung von Arbeitnehmern in der EU, DRdA 1999, S. 173 ff; M. Selmayr, Die gemeinschaftsrechtliche Entsendungsfreiheit und das deutsche Entsendegesetz, ZfA 1996, S. 615; W. Däubler, Die Entsende-Richtlinie und ihre Umsetzung in das deutsche Recht, EuZW 1997, S. 613.

[41] EuGH 18.12.2007, C-341/05, Slg. 2007, I-11767 (Laval).

Vgl. R. Rebhahn, Grundfreiheit versus oder vor Streikrecht, wbl 2008, S. 63; A. Junker, Europäische Grundfreiheiten und Arbeitsrecht, DRdA 2009, S. 208; W. Schrammel, Dienstleistungsfreiheit und Sozialdumping, EuZA 2009, S. 36.

Das Regulierungskonzept für den Arbeitsmarkt im Zielstaat rechtfertigt die Vorschreibung und die Durchsetzung gewisser Mindestarbeitsbedingungen, vor allem allgemeinverbindlicher Mindestlohnsätze;[42] sofern ihre Leistung oder Gewährung nicht *un*billig ist, weil das Schutzniveau im Entsendestaat jenem im Zielstaat (Empfangsstaat) gleich*wertig* ist.[43] Zudem gibt es für kurzfristige und für geringfügige Arbeiten einige Ausnahmen;[44] zugleich *zeichnet sich* nun *ab*, dass bei langen Entsendungen (länger als 12, u.U. 18 Monate) künftig sämtliche Arbeits- und Beschäftigungsbedingungen, nicht aber der Kündigungsschutz und einige andere Bestimmungen, einzuhalten sein werden.[45]

Bei den Arbeitskräften, um deren Schutz es geht, handelt es sich um Arbeitnehmer, doch verfügt das Recht der Union über keinen einheitlichen Arbeitnehmerbegriff; so verweist es *hier*, zum Beispiel, auf das Begriffsverständnis im Empfangsstaat.[46]

---

[42] Richtlinie 96/71/EG des Europäischen Parlaments und des Rates vom 16. Dezember 1996 über die Entsendung von Arbeitnehmern im Rahmen der Erbringung von Dienstleistungen, ABl 1997 L 18, S. 1; Richtlinie 2014/67/EU des Europäischen Parlaments und des Rates vom 15. Mai 2014 zur Durchsetzung der Richtlinie 96/71/EG über die Entsendung von Arbeitnehmern im Rahmen der Erbringung von Dienstleistungen; Richtlinie (EU) 2018/957 des Europäischen Parlaments und des Rates vom 28. Juni 2018 zur Änderung der Richtlinie 96/71/EG über die Entsendung von Arbeitnehmern im Rahmen der Erbringung von Dienstleistungen, ABl L 2018/173, S. 16.

[43] Vgl. EuGH 17.11.2015, C-115/14 (RegioPost); EuGH 14.4.2005, C-341/02, Slg. 2005, I-2733 (Komm/Deutschland); EuGH 15.3.2001, C-165/98 (Mazzoleni); EuGH 21.11.1999, C-369/96 und C-376/96, Slg. 1999, I-8453; EuGH 25.10.2001, C-49/98, Slg. 2001, I-7831 (Finalarte); EuGH 12.10.2004, C-60/03, Slg. 2004, I-9553 (Wolff & Müller GmbH & Co KG); EuGH 3.4.2008, C-346/06, ABl 2008 C 128, S. 9 (Rüffert); EuGH 21.9.2006, C-168/04, Slg. I-9041 (Komm/ Österreich).

[44] Art. 3 RL 96/71/EG.

[45] Vgl. M. Windisch-Graetz, Änderungen der Entsenderichtlinie 2018, ZAS 2019/27, S, 147 bis 151; H. Aubauer und M. Glowacka, Entsende-Richtlinie neu, in: GedS R. Rebhahn (2019), S. 1 ff.

[46] Art. 2 Abs. 2 RL 96/71/EG.

Es gibt Regelungsbereiche im Unionsrecht, für die der Begriff des Arbeitnehmers (der Arbeitnehmer*in*) autonom ausjudiziert worden ist,[47] doch stellt es vielfach allein auf mitgliedstaatliche Umsetzungsregelungen ab oder es *erweitert* den Unionsbegriff um die mitgliedstaatliche Definition.[48]

Eine Legaldefinition der Worte: Arbeit*nehmer*, Arbeit*geber*, *Arbeitsvertrag* oder Arbeits*verhältnis* ist nicht selten, vor allem, wenn für *besondere* Zwecke im Bedeutungs*feld* eine gewisse Grenze gezogen wird.[49] Die (Unter-)Teilung der Arbeitnehmer in Arbeiter und Angestellte ist nach der Gesetzeslage kaum von Bedeutung; in Belgien und Österreich wird ihre Rechtsstellung nun angeglichen.[50]

---

[47] Vgl. EuGH 23.3.1982, 53/81 (Levin); EuGH 3.7.1986, 66/85 (Lawrie-Blum); EuGH 4.12.2014, C-413/13 (FNV Kunsten); EuGH 13.1.2004, C-256/01 (Albony); EUGH 10.9.2015, C-47/14 (Holtermann); EuGH 7.4.2011, C-519/09 (May); EuGH 26.3.2015, C-316/13 (Fenoll); EuGH 20.9.2007, C-116/06 (Kiiski); EuGH 11.11.2010, C-232/09 (Danosa); EuGH 1.10.2015, C-432/14; EuGH 5.7.2015, C-229/14 (Balkaya).

Vgl. K. Ziegler, Arbeitnehmerbegriffe im Europäischen Arbeitsrecht, C.H. Beck und Nomos, Baden-Baden 2011.

[48] Vgl. A. Junker, Die Einflüsse des europäischen Rechts auf die personelle Reichweite des Arbeitnehmerschutzes, EuZA 2016, S. 184; U. Preis und K. Morgenbrodt, Die Rotkreuzschwester zwischen Arbeitnehmerbegriff und Beschäftigungsverhältnis, EuZA 2017, S. 418; T. Dullinger, Arbeitnehmerbegriff(e) des Unionsrechts und das österreichische Arbeitsrecht, ZAS 2018/2, S. 4 bis 11.

[49] Vgl. B. Waas und G.H.v. Voss (Hrsg.), Restatement of Labour Law in Europe, Band I: The Concept of Employee, Hart, Oxford und Portland, Oregon 2017, Comparative Overview.

[50] Vgl. P. Humblet und I. Plets, Neuerungen im belgischen Arbeitsrecht in den Jahren 2010 bis 2013, EuZA 2014, S. 405 ff; vgl. z.B. auch S. Tsekova und I. Vassileva, Bulgaria, in: M. Huger (Hrsg.), Employment Law in CEE, NWV, Wien und Graz 2010, S. 41.

Die gesellschaftliche Bedeutung des Arbeitnehmerbegriffes ergibt sich aus einer Fülle von rechtliche *Folgen*, welche an den Arbeitsvertrag geknüpft sind, weshalb eine Abgrenzung *dieses* Vertragsverhältnisses von anderen bedeutsam ist; in einzelnen Staaten, wie in Spanien, Frankreich oder in den Niederlanden, wird die Einordnung als Arbeitnehmer unter Umständen durch gesetzliche *Vermutung* erleichtert, was zu einer geringfügigen Ausweitung des Begriffs führen kann.[51] In Großbritannien gibt es neben einem *engen* (employee) auch einen *weiten* (worker) Arbeitnehmerbegriff.[52]

Der Begriffs*kern* ist indes überall durch die Rechtsprechung *aus*differenziert, die in aller Regel und im Zweifel fragt, ob die Arbeit *als solche* in *rechtlicher Unter*ordnung geschuldet ist.[53]

Nicht das Ergebnis (Ziel) der Dienste: als Werk, sondern die Dienstleistung: auf Zeit (Dauer), in *persönlicher* Abhängigkeit von fremder Ausgestaltung eigener Erwerbstätigkeit, prägt das Bild vom *typischen* Arbeitnehmer.[54]

---

[51] Vgl. R. Rebhahn, Der Arbeitnehmerbegriff in vergleichender Perspektive, RdA 2009, S. 154 bis 175 (157 und 171); Internationales Arbeitsamt Genf, Internationale Arbeitskonferenz, 95. Tagung 2006, Bericht V (1), Das Arbeitsverhältnis, Fünfter Tagesordnungspunkt, S. 32 ff; A. Jacobs, Labour and the Law in Europe (2011), S. 11 f.

[52] Vgl. K.W. Wedderburn, The Worker and the Law, 2. Aufl., Penguin Books, 1971; H. Sutschet, Neuere Tendenzen zur personellen Reichweite des Arbeitnehmerschutzes im englischen Arbeitsrecht, EuZA 2016, S. 171.

[53] Vgl. European Network of Legal Experts in the field of Labour Law (ELLN), Characteristics of the Employment Relationship, Thematic Report October 2009, Executive Summary, hrsg. von G.H.v. Voss, N. Grosse-Herzbruch, I.M. Haamel, M. Kullmann und B. Waas.

[54] Vgl. R. Rebhahn, Der Arbeitnehmerbegriff in vergleichender Perspektive, RdA 2009, S. 154 bis 175; P. Jabornegg, Zur Abgrenzung des Werkvertrags vom Arbeits- und vom freien Dienstvertrag, in: GedS. R. Rebhahn (2019), S. 137 ff.

*A*typische Arbeit und *wirtschaftliche* Abhängigkeit er*fordern* ein *Nach*denken über die Begründung für das Recht der Arbeit; ein *Über*denken der Grenzziehung in *Rand*bereichen.[55] Die Zahl *nicht* marktorientierter Ein-Personen-Unternehmer steigt an;[56] zunehmend als: koordinierte, kontinuierliche *Projekt*arbeit.[57]

Ein einheitlicher Schutzgrund bei höchst*persönlicher* Arbeit steht *sach*gerechten Differenzierungen nicht entgegen; *so* sind vielerorts leitende Angestellte vom Schutz des Arbeitszeitrechts ausgenommen, während arbeitnehmer*ähnliche* Unternehmer mancherorts *punktuell* wie Arbeitnehmer geschützt sind, sei es arbeitsrechtlich oder (auch) sozialrechtlich.[58] Undifferenzierter Erweiterung des Arbeitsrechts widerstreitet das Unionsrecht.[59]

---

[55] Vgl. R. Wank, Abschied vom Normalarbeitsverhältnis? RdA 2010, S. 193; T. Tomandl, Wie tragfähig ist der Arbeitnehmerbegriff? Dargestellt am Beispiel von Crowdwork, ZAS 2018/28, S. 174 bis 183; R. Waltermann, Digitalisierung der Arbeitswelt – arbeits- und sozialrechtliche Fragen, in: GedS. R. Rebhahn (2019), S. 635 ff.

[56] Vgl. WKO, Factsheet EPU 2019; ILO, Employment Working Paper No. 228 (2017).

[57] Vgl. A. Prax, Die Reform des italienischen Arbeitsmarkts – Legge Biagi, ZfRV 5/2007, S. 179 ff.

[58] Vgl. R. Rebhahn, Arbeitnehmerähnliche Personen – Rechtsvergleich und Regelungsperspektive, RdA 2009, S. 236 bis 253; D. Pottschmidt, Arbeitnehmerähnliche Personen in Europa, Nomos, Baden-Baden 2006; C. Klein, Die Neudefinition des „Leitenden Angestellten" im Arbeitszeitrecht, in: GedS. R. Rebhahn (2019), S. 231; M. Risak, Was sind das eigentlich, die „autonomen ArbeitnehmerInnen"? in: GedS. Rebhahn, S. 515.

[59] Vgl. EuGH 21.9.1999, C-67/96, Slg. 1999, I-5751 (Albony); EuGH 21.9.2000, C-222/98, Slg. 2000, I-7111 (Van d. Woude); EuGH 10.9.2000, C-180-184/98, Slg. 2000, I-6451 (Pavlov); EuGH 15.6.2006, C-255/04, Slg. 2006, I-05251, Rn. 38 (Kommission/Frankreich).

Vgl. R. Mosler, Anwendung des kollektiven Arbeitsrechts auf arbeitnehmerähnliche Selbstständige? DRdA 2012, S. 100.

Die Union trachtet danach, die Freizügigkeit der Arbeitnehmer auch *sozial*rechtlich zu flankieren: Soziale (Ab-)Sicherung ist in Europa nicht vereinheitlicht, aber – ungeachtet der erheblichen Unterschiede – (immerhin) koordiniert.[60] Anknüpfungspunkt ist die gewöhnliche Beschäftigung, auch bei einer Entsendung, die nicht länger als 24 Monate währt.[61]

---

[60] Art. 48 AEUV; Verordnung (EG) Nr. 883/2004 des Europäischen Parlaments und des Rates vom 29. April 2004 zur Koordinierung der Systeme der sozialen Sicherheit, ABl L 166 vom 30.4.2004 in der Fassung der VO (EG) Nr. 988/2009 des Europäischen Parlaments und des Rates vom 16. September 2009 zur Änderung der Verordnung (EG) Nr. 883/2004 zur Koordinierung der Systeme der sozialen Sicherheit und zur Festlegung der Inhalte ihrer Anhänge, ABl L 284 vom 30.10.2009; Verordnung (EG) Nr. 987/2009 des Europäischen Parlaments und des Rates vom 16. September 2009 zur Festlegung der Modalitäten für die Durchführung der Verordnung (EG) Nr. 883/2004 über die Koordinierung der Systeme der sozialen Sicherheit, ABl L 284 vom 30.10.2009.

Vgl. EuGH 7.2.1984, 238/82, Slg. 1984, 523 (Duphar); EuGH 17.6.1997, C-70/95, Slg. 1997, I-3395 (Sodemare); EuGH 12.7.2001, C-157/99, Slg. 2001, I-5473 (Smits und Peerbooms); EuGH 4.10.1991, C-349/87, Slg. 1991, I-4501 (Paraschi); EuGH 28.4.1998, C-156/96, Slg. 1998, I-1931 (Kohll); EuGH 30.1.1997, C-4/95, C-5/95, Slg. 1997, I-511 (Stöber und Pereira).

Vgl. E. Felten, Anwendungsbereich und Grundsätze der neuen Sozialrechtskoordinierung in Europa, wbl 2010, S. 445.

[61] Art. 12 Abs. 1 der VO Nr. 883/2004. Vgl. euGH 9.11.2000, C-404/98, Slg. 2000, I-9379 (Plum); EuGH 10.2.2000, C-202/97, Slg. 2000, I-883 (FTS); EuGH 30.3.2000, C-178/97, Slg. 2000, I-2005 (Banks); EuGH 26.1.2006, C-2/05, Slg. 2006, I-1079 (Herbosch Kiere)

Vgl. W. Schrammel, Zum anwendbaren Sozialversicherungsrecht bei grenzüberschreitenden Sachverhalten, in: GedS. R. Rebhahn (2019), S. 559.

Wirtschaftliche Aspekte von *solidarisch* fundierten sozialen Sicherungssystemen der einzelnen Staaten erzeugen allerdings Spannungen zum Wettbewerbsrecht, zur Warenverkehrs- und Dienstleistungsfreiheit sowie zum Vergaberecht.[62]

Verwehrt ist die offene oder verdeckte Diskriminierung von Staatsangehörigen anderer Mitgliedstaaten auf dem Gebiet der sozialen Sicherheit.[63] Ausländische Einkünfte und Sachverhalte oder Ereignisse können *so* den inländischen gleichstehen und so manche Leistung ist losgelöst vom Wohnsitz zu gewähren.[64]

---

[62] Vgl. EuGH 26.9.2000, C-262/97, Slg. 2000, I-7321 (Engelbrecht); EuGH 7.2.1984, 283/82, Slg. 1984, 523 (Duphar); EuGH 25.10.2001, C-475/99, Slg. 2001, I-8089 (Glöckner); EuGH 17.2.1993, 160/91, Slg. 1993, I-637 (Poucet und Pistre); EuGH 26.3.1996, C-238/94, Slg. 1996, I-1763 (Garcia); EuGH 21.9.1999, 219/97, Slg. 1999, I-6121 (Bokken); EuGH 22.1.2002, C-218/00, Slg. 2002, I-691 (Cisal); EuGH 23.4.1991, C-41/90, Slg. 1991, I-2012 (Höfner und Elser); EuGH 31.1.1984, 286/82, 26/83, Slg. 1984, 377 (Luisi und Carbone); EuGH 28.4.1998, C-120/95, C-158/96, Slg. 1998, I-1831 (Decker und Kohll); EuGH 12.7.2001, C-368/98, Slg. 2001, I-5363 (Vanbraekel); EuGH 13.5.2003, C-385/99, Slg. 2003, I-4509 (Müller-Faurè und van Riet); EuGH 23.10.2003, C-56/01, Slg. 2003, I-12403 (Inzian); EuGH 3.10.2000, C-380/98, Slg. 2000, I-8035 (University of Cambridge); EuGH 11.6.2009, C-300/07, Slg. 2009, I—4779 (Hans & Shristophorus Oymanns).

[63] Vgl. EuGH 12.7.1979, 266/78, Slg. 1979, 2705 (Brunori); EuGH 25.2.1986, 254/84, Slg. 1986, 671 (De Jong); EuGH 15.1.1986, 41/84, Slg. 1986, 1 (Pinna); EuGH 22.10.2015, C-378/14 (Trapkowski); EuGH 17.4.2007, C-276/06, Slg. 2007, I-2851 (El-Youssifi); EuGH 4.5.1999, C-262/96, slg. 1999, I-2685 (Sürül). Vgl. R. Rebhahn, Der Einfluss der Unionsbürgerschaft auf den Zugang zu Sozialleistungen – insb zur Ausgleichszulage, wbl 2013, S. 605.

[64] Art. 5 und Art. 7 der VO (EG) Nr. 883/2004. Vgl. EuGH 4.10.1991, C-349/87, Slg. 1991, I-4501 (Paraschi); EuGH 7.6.1988, C-20/85, Slg. 1988, 2805 (Roviello); EuGH 21.2.2008, C-507/06, Slg. 2008, I-943 (Köppel); EuGH 19.7.2012, C-522/10 (Reichel-Albert); EuGH 10.3.2011, C-379/09 (Casteels); EuGH 4.11.1997, C-20/96, Slg. 1997, I-6057 (Snars). Vgl. M. Husmann, Diskriminierungsverbot und Gleichbehandlungsgebot des Art 3 VO 1408/71 und der Art 4 und 5 VO 883/2004, ZESAR 2010, S. 97.

Nicht in die Koordinierung einbezogen ist die Sozial*hilfe* als: allgemeine, subsidiäre Mindestsicherung nach der individuellen Bedürftigkeit.[65] Hiervon abzugrenzen sind gewisse: besondere beitragsunabhängige Geldleistungen, welche ausschließlich im Wohnsitzstaat gewährt werden.[66] Keine Leistung der sozialen Sicherheit (Sicherung) liegt bei *bloß* beschäftigungspolitischen Maßnahmen vor.[67]

Arbeits- oder (auch) Sozialgerichtsbarkeit ist in vielen Staaten, darunter Österreich sowie Deutschland, gesondert organisiert, wobei nicht selten in Senaten mit Berufsrichtern und fach- bzw. sachkundigen Laien entschieden wird; wo es keine gesonderte Gerichtsbarkeit gibt, so wie in Griechenland, den Niederlanden oder Italien, da finden sich *doch* Sonderbestimmungen für das gerichtliche Streitverfahren mit Bezug zum Arbeitsverhältnis.[68]

---

[65] EuGH 22.6.1972, 1/72, Slg. 1972, 457 (Frilli); EuGH 20.6.1991, C-356/89, Slg. 1991, I-3017 (Newton); EuGH 16.7.1992, C-78/91, Slg. 1992, I-4839 (Hughes); EuGH 10.10.1996, C-245/94 und C-213/94, Slg. 1996, I-4895 (Houver und Zachow).

[66] Art. 70 Abs. 4 der VO Nr. 883/2004. Vgl. EuGH 25.2.1999, C-90/97, Slg. 1999, I-1075 (Swaddling); EuGH 4.11.1997, C-20/96, Slg. 1997, I-6057 (Snares); EuGH 19.9.2003, C-140/12 (Brey).; EuGH 8.3.2001, C-215/99, Slg. 2001, I-1901 (Jauch).

[67] Vgl. EuGH 11.7.1996, 25/95, Slg. 1996, I-3745 (Otte); EuGH 27.11.1997, C-57/96, Slg. 1997, I-6689 (Meints); EuGH 15.12.1976, 39/76, Slg. 1976, 1901 (Mouthaan).

[68] Vgl. A. Jacobs, Labour and the Law in Europe (2011), S. 65 f.

2. Vortrag.

Jeder Mensch hat *im Grunde* das Recht, zu arbeiten,[69] was sich beispielsweise am Recht auf Zugang zu einem unentgeltlichen Arbeitsvermittlungsdienst zeigt.[70] Hingegen darf kein Mensch *gezwungen* werden, Zwangs- oder Pflichtarbeit zu verrichten.[71]

Kinderarbeit ist verboten; in der Regel darf das Mindestalter für den Eintritt ins Arbeitsleben das Alter nicht unterschreiten, in dem die Schulpflicht endet.[72] Insoweit Jugendliche zur Arbeit zugelassen sind, müssen altersangepasste Arbeitsbedingungen eingehalten werden; sie sind vor wirtschaftlicher Ausbeutung und vor jeder Arbeit zu schützen, die sie in *irgend*einer Hinsicht gefährden könnte.[73]

Jeder Mensch hat das Anrecht auf körperliche und geistige Unversehrtheit.[74]

---

[69] Art. 15 Abs. 1 GRC. Vgl. M. Windisch-Graetz, Lässt sich aus Art 15 GRC ein Recht auf tatsächliche Beschäftigung ableiten? in: GedS. R. Rebhahn (2019), S. 649 ff.

[70] Art. 29 GRC. Vgl. 23. 4. 1991, C-41/90 (Hoefner und Elser).

Vgl. N. Nieto, Spanisches Arbeitsrecht in den Jahren 2010 bis 2012: eine Zeit bedeutsamer Änderungen, EuZA 2012, S. 564.

[71] Art. 5 Abs. 2 der Charta der Grundrechte der Europäischen Union.

[72] Art. 32 GRC; Richtlinie 94/33/EG des Rates vom 22. Juni 1994 über den Jugendarbeitsschutz, ABl L 2016, S. 12.

[73] Art. 32 GRC.

[74] Art. 3 Abs. 1 GRC.

Jeder Arbeitnehmer (jede Arbeitnehmerin) hat das Recht auf gesunde, sichere und würdige Arbeitsbedingungen.[75] *Darum* hat er (sie) das Anrecht auf Höchstarbeitszeiten, Ruhezeiten und bezahlten Jahresurlaub.[76]

---

[75] Art. 31 Abs. 1 GRC; Richtlinie 89/391/EWG des Rates vom 12.Juni 1989 über die Durchführung von Maßnahmen zur Verbesserung der Sicherheit und des Gesundheitsschutzes der Arbeitnehmer bei der Arbeit, ABl L 183, S. 1 (Arbeitsschutzrahmen-Richtlinie); Richtlinie 91/383/EWG des Rates vom 25. Juni 1991 zur Ergänzung der Maßnahmen zur Verbesserung der Sicherheit und des Gesundheitsschutzes von Arbeitnehmern mit befristeten Arbeitsverhältnissen oder Leiharbeitsverhältnissen, ABl L 206, S. 19.

Vgl. EuGH 3.7.1986, 66/85 (Lawrie-Blum); EuGH 12.5.1998, C-85/96 (Martínez Sala); EuGH 4.10.2001, C-109/00 (Brandt-Nielsen); EuGH 6.11.2003, C-413/01 (Ninni-Orasche); EuGH 13.1.2004, C-256/01 (Allonby); EuGH 12.10.2004, C-55/02 (Kommission/Portugal); EuGH 11.11.2010, C-232/09 (Danosa); EuGH (GK) 22.11.2011, C-214/10 (KHS); EuGH 3.5.2012, C-337/10 (Neidel); EuGH 21. 6. 2012, C-78/11 (ANGED); EuGH 8.11.2012, C-229/11 (Heimann und Toltschin); EuGH 21.2.2013, C-194/12 (Maestre García); EuGH 13. 6. 2013, C-415/12 (Brandes); EuGH 22.5.2014, C-539/12, (Lock); EuGH 12.6.2014, C-118/13 (Bollacke); EuGH 12.2.2015, C-396/13, (Sähköalojen ammattiliitto ry); EuGH 11.11.2015, C-219/14 (Greenfield); EuGH 30.6.2016, C-178/15 (Sobczyszyn); EuGH 20.7.2016, C-341/15 (Maschek); EuGH 17.11.2016, C-216/15 (Betriebsrat der Ruhrlandklinik); EuGH 4.10.2018, C-12/17 (Dicu); EuGH 29.11.2017, C-214/16 (King).

[76] Art. 31 Abs. 2 GRC.

Die tägliche Ruhezeit beträgt normalerweise 11, die tägliche Arbeitszeit höchstens 13 Stunden, mit einer Ruhepause nach sechs Stunden an Arbeit.[77]

Ergänzend gewährt das Recht der Union eine wöchentliche Ruhezeit von 24 Stunden und begrenzt, bei Durchrechnung im Zeitraum von vier Monaten, die Arbeitszeit, worunter auch die Arbeits-, nicht aber Rufbereitschaft fällt, mit 48 Stunden pro Woche (sieben Tage).[78] In einzelnen Wochen dürfen in vielen Staaten mitunter bis zu 60 Stunden geleistet werden; und viele Staaten sind, auf gesetzlicher oder tarifvertraglicher Ebene, um Flexibilisierung bemüht.[79]

Die Überwachung der Einhaltung der Schutzbestimmungen obliegt oftmals einem Arbeitsinspektorat.[80]

---

[77] Richtlinie 2003/88/EG des Europäischen Parlaments und des Rates über bestimmte Aspekte der Arbeitszeitgestaltung vom 4. Dezember 2003, ABl L 206, S. 19.

[78] Vgl. EuGH 3.10.2000, C-303/98, Slg. 2000, I-7963 (Simap); EuGH 9.9.2003, C-151/02, Slg. 2003, I-8389 (Jäger); EuGH 1.12.2005, C-14/04, Slg. 2005, I-10253 (Dellas).

[79] Vgl. M. Huger (Hrsg.), Employment Law in CEE, S. 61 und 96; D. Niksova und J. Pacic, Das neue tschechische Arbeitsgesetzbuch auf dem Weg zur Flexibilität? EuZA 1/2008, S. 78 bis 88 (80 f.).

[80] Vgl. A. Jacobs, Labour and the Law in Europe, S. 64.

Bei Überscheiten der *Normal*arbeitszeit, die in Österreich bei 40 und in Frankreich bei 35 Stunden liegt, sind in einer Reihe von Staaten *gesetzlich* Zuschläge vorgeschrieben, in Höhe von 25, 50 oder 100 %; *nicht* so in Deutschland oder in Kroatien.[81] Regelt der einschlägige Tarifvertrag keinen Zuschlag, so haben die Arbeitnehmer in Frankreich von Gesetzes wegen Anspruch auf 25 % von der 36. bis zur 43. und 50 % ab der 44. Stunde.[82]

Bezahlten *Erholungs*urlaub, welcher nur bei Beendigung des Arbeitsvertrages ersatzweise abgegolten werden darf, dürfen Arbeitnehmer im Ausmaß von zumindest vier Wochen pro Jahr beanspruchen.[83] Die meisten Mitgliedstaaten gestatten es dem Arbeitgeber, den Zeitpunkt des Urlaubsverbrauchs festzulegen, binden ihn aber an eine Interessenabwägung; in Österreich ist darüber eine Vereinbarung zu schließen, wobei gleichfalls die Erholungsinteressen des Arbeitnehmers und die betrieblichen Interessen des Arbeitgebers gegeneinander abzuwägen sind.[84]

---

[81] Vgl. R. Rebhahn, Ziele und Probleme der Arbeitsrechtsvergleichung in Europa, ZEuP 2002, S. 436; F. Frey, Portugiesisches Arbeitsrecht im Wandel, EuZA 2014, S. 60 (74); B. Heinz (Hrsg.), Arbeits- und Sozialrecht in Mittel- und Osteuropa, 2. Aufl., Manz, Wien 2010, S. 43; M. Huger (Hrsg.), Employment Law in CEE, S. 46, 61.

[82] Vgl. P. Welter und E. Caron, Arbeitsrecht in Frankreich, in: Arbeitsrecht in Europa, hrsg. von M. Henssler und A. Braun, 3. Aufl., Verlag Dr. Otto Schmidt, Köln 2011, S. 337 bis 392, Rn. 42 f.

[83] Art. 7 der RL 2003/88/EG. Vgl. EuGH 26.6.2001, C-173/99, Slg. 2001, I-4881 (BECTU); EuGH 18.3.2004, C-342/01, Slg. 2004, I-2605 (Merino Gómez); EuGH 16.3.2006, C-131/04 und C-257/04, Slg. 2006, I-2531 (Robinson-Steele u.a.); EuGH 20.1.2009, C-350/06 und C-520/06, Slg. 2009, I-179 (Schultz-Hoff u.a.); EuGH 10.9.2009, C-277/08, Slg. 2009, I-8405 (Perda).

[84] Vgl. A. Jacobs, Labour and the Law in Europe, S. 55.

Um Familien- und Berufsleben miteinander vereinbaren zu können, hat jeder Mensch das Recht auf Schutz vor Kündigung aus einem mit der Mutterschaft zusammenhängenden Grund sowie Anspruch auf bezahlten Mutterschaftsurlaub und einen Elternurlaub nach der Geburt oder Adoption eines Kindes.[85]

Werdende Mütter sehen einem, sei es als Entgelt oder als Sozialleistung, bezahlten *Mutterschafts*urlaub in der Dauer von 14 Wochen entgegen, währenddessen sie besonders geschützt sind, *auch* im Bestand ihres Arbeitsverhältnisses: Die Staaten gewähren den Mutterschaftsurlaub entweder *nur* vor, nur nach oder *auch* nach der Entbindung, stets *ohne* Unterbrechung.[86]

Für vier Monate oder länger, aber höchstens bis zum achten Lebensjahr des Kindes, haben Eltern bei Geburt oder Adoption des Kindes, jedenfalls nach einem Jahr Betriebszugehörigkeit, einen Anspruch auf *Eltern*urlaub *zur* Kinderbetreuung; bei ihrer Rückkehr dürfen sie, falls möglich, den selben, und ansonsten einen vergleichbaren Arbeitsplatz erwarten.[87]

---

[85] Art. 33 Abs. 2 GRC.
    Vgl. EuGH 16.9.2010, C-149/10 (Chatzi); EuGH 7.9.2017, C-174/16.
[86] Richtlinie 92/85/EWG des Rates vom 19. Oktober 1992 über die Durchführung von Maßnahmen zur Verbesserung der Sicherheit und des Gesundheitsschutzes von schwangeren Arbeitnehmerinnen, Wöchnerinnen und stillenden Arbeitnehmerinnen am Arbeitsplatz, ABl L 348, S. 1.
    Vgl. EuGH 4.10.2001, C-438/99, Slg. 2001, I-6915 (Jiménez Melgar); EuGH 26.2.2008, C-506/06, Slg. 2008, I-1017 (Mayr); EuGH 4.10.2001, C-109/00, Slg. 2001, I-6993 (Tele Danmark); EuGH 27.10.1998, C-411/96, Slg. 1998, I-6401 (Boyle); EuGH 1.7.2010, C-194/08 (Gassmayr).
[87] Richtlinie 2010/18/EU des Rates vom 8. März 2010 zur Durchführung der von BUSINESSEUROPE, UEAPME, CEEP und EGB geschlossenen überarbeiteten Rahmenvereinbarung über den Elternurlaub, ABl L 68, S. 13.

Die Union anerkennt und achtet das Recht auf Zugang zu Leistungen der sozialen Sicherheit und den sozialen Diensten, die in Fällen wie Mutterschaft, Krankheit, Arbeitsunfall, Pflegebedürftigkeit oder im Alter sowie bei Verlust des Arbeitsplatzes Schutz gewährleisten, nach Maßgabe des Unionsrechts und der einzelstaatlichen Rechtsvorschriften und Gepflogenheiten.[88]

Jeder hat grundsätzlich das Recht auf Zugang zur ärztlichen Versorgung.[89] Die Leistungen im Krankheitsfall, zu denen der Arbeitgeber verpflichtet ist, unterliegen der gemeinschaftlichen Koordinierung.[90] In Deutschland und in Österreich zahlt er bei Erkrankung das Entgelt für sechs Wochen in *vollem* Ausmaße fort, in Polen 33 Tage zu 80 %, nur bei Arbeitsunfall 100 %.[91]

---

[88] Art. 34 Abs. 1 GRC. Vgl. EuGH 24.4.2012, C-571/10 (Kamberaj); EuGH 13.7.2017, C-89/16 (Szoja); EuGH 14.6.2016, C-308/14 (Komm./Vereinigtes Königreich).

[89] Art. 35 GRC. Vgl. EuGH 1.6.2010, C-570/07 und C-571/07 (Peréz und Gómez); EuGH 21.6.2012, C-84/11 (Susisalo); EUGH 6.9.2012, C-544/10, (Deutsches Weintor); EuGH 5.12.2013, C-159/12 (Venturini); EuGH 1.12.2016, C-395/15 (Daouidi).

[90] Art. 3 und Art. 6 der VO (EG) Nr. 883/2004. Vgl. EuGH 3.6.1992, C-45/90, Slg. 1992, I-3423 (Paletta I); EuGH 2.5.1996, C-206/94, Slg. 1996, I-2357 (Paletta II); EuGH 20.6.1996, 61/65, Slg. 1966, 583 (Vaassen-Göbbels); EuGH 5.10.2010, C-173/09, Slg. 2010, I-8889 (El chinov); EuGH 16.5.2006, C-372/04, Slg. 2006, I-4325 (Watts); EuGH 12.7.2001, C-157/99, Slg. 2001, I-5473 (Smits und Peerbooms); EuGH 12.2.1998, C-366/96, Slg. 1998, I-583 (Cordelle).

Vgl. R. Resch, Der Arbeitgeber als "Träger" für Leistungen der sozialen Sicherheit im europäischen Sozialrecht, ZIAS 1998, S. 215.

[91] Vgl. B. Jozwik und A. Nierzwicki, Poland, in: M. Huger (Hrsg.), Employment Law in CEE (2010), S. 119; W. Dütz und G. Thüsing, Arbeitsrecht[22] (2017), Rn. 225 und 227.

In den Niederlanden wird *nicht* zwischen berufsbedingter und sonstiger Krankheit unterschieden; der Arbeitnehmer hat Anspruch auf Fortzahlung für 104 Wochen in Höhe von 70 %.[92] In Tschechien und Ungarn leistet der Arbeitgeber nur bis zum 15. Tag, in der Slowakei nur für 10 Tage.[93] In manchen Staaten gibt es Wartezeiten, um Missbrauch des Krankenstandes oder unbedachtes Fernbleiben hintanzuhalten.[94]

Teilzeit rechtfertigt *als solche* keine Nachteile, doch *kann* die verhältnismäßige Anpassung gewährter Vorteile legitim sein.[95] Bei *Leih*arbeit darf das Entgelt womöglich geringer sein als am Leiharbeitsplatz, wenn und weil die Leiharbeitskraft für Zeiten *zwischen* Überlassungen bezahlt wird *und* unbefristet in Dienst genommen wird.[96] Leiharbeit ist bisweilen eingeschränkt, etwa durch Belegschaftsquoten, wie in Slowenien, oder Begrenzung der Überlassungsdauer, wie in Tschechien und Polen.[97]

---

[92] Vgl. A. Jacobs, Labour and the Law in Europe, S. 177 f; I.M. Hoogendoorn, J.N. Rogmans, Arbeitsrecht in den Niederlanden, in: Arbeitsrecht in Europa, hrsg. von M. Henssler und A. Braun, 3. Aufl., Verlag Dr. O. Schmidt, Köln 2011, S. 777 bis 843, Rn. 74 ff.

[93] Vgl. M. Huger (Hrsg.), Employment Law in CEE (2010), S. 87, 102 und 168.

[94] Vgl. A. Jacobs, Labour and the Law in Europe, S. 180 f; E.M. Király und A. Szent-Ivány, Hungary, in: Labour Law: A Practical Global Guide, 2011, S. 273.

[95] Vgl. EuGH 22.4.2010, C-486/08, Slg. 2010, I-3527; EuGH 11.11.2015, C-219/14 (Greenfield); EuGH 5.11.2014, C-476/12 (Österreichischer Gewerkschaftsbund); EuGH 24.4.2008, C-55/07 und C-56/07, Slg. 2008, I-3135 (Michaeler und Subito); EUGH 15.10.2014, C-2014, C-221/13 (Mascellani).

[96] Art. 5 Abs. 2 der Richtlinie 2008/104/EG des Europäischen Parlaments und des Rates über Leiharbeit vom 19. November 2008, ABl L 327 vom 5.12.2008, S. 9. Vgl. EuGH 17.3.2015, C-533/13 /AKT); EuGH 18.6.2015, C-586/13 (Martin Meat).

[97] Vgl. D. Niksova und J. Pacic, EuZA 1/2008, S. 78 bis 88 (83); B. Kresal, EuZA 2013, S. 388 (392); B. Jozwik und A. Nierzwicki, Poland, in: M. Huger (Hrsg.), Employment Law in CEE (2010), S. 121.

Das Arbeitsverhältnis muss nicht *un*befristet, darf jedoch nicht übervorteilend: zu lang, zu oft oder unsachlich *be*fristet sein.[98] Ein Verstoß könnte die *Ent*fristung oder die (Rechts-)Pflicht zur Entschädigung zur Folge haben.[99]

In manchen Staaten ist die *erste* Befristung unbeschränkt zulässig; *so* ist es etwa in den Niederlanden und in Österreich, in Polen sind es zwei Befristungen, wohingegen andere Staaten die erstmalige wie die mehrmalige Befristung nur bis zu einer Höchstdauer ohne sachlichen Grund gestatten, *so* zum Beispiel Deutschland und Tschechien für zwei und Ungarn fünf Jahre; in einigen Ländern bedarf die Befristung stets einer gesetzlich näher oder weiter gefassten Begründung, etwa in Frankreich, Italien, Spanien, Griechenland und Finnland.[100]

---

[98] Richtlinie 1999/70/EG des Rates vom 28. Juni 1999 zu der EGB-UNICE-CEEP-Rahmenvereinbarung über befristete Arbeitsverträge, ABl L 175, S. 43.
Vgl. EuGH 4.7.2006, C-212/04, Slg. 2006, I-6057 (Adeneler u.a.); EuGH 7.9.2006, C-53/04, Slg. 2006, I-7213 (Marrosu und Sardino); EuGH 13.9.2007, C-307/05, Slg. 2007, I-7109 (Del Cerro Alonso); EuGH 22.4.2010, C-486/08, Slg. 2010, 3527 (Zentralbetriebsrat der Landeskrankenhäuser Tirols); EuGH 9.7.2015, C-177/14 (Regojo Dans); EuGH 13.3.2014, C-190/13 (Marquenz Samohano); EuGH 23.4.2009, C-378/07 bis C-380/07, Slg. 2009, I-3071; EuGH 5.3.2009, C-388/07, Slg. 2009, I-1569 (Age Concern England).

[99] Vgl. EuGH 14.9.2016, C-184/15 und C-197/115 (Martinez Andres); EuGH 23.4.2009, C-378/08 – 380/07, Slg. 2009, I-3071 (Angelidaki); EuGH 7.9.2006, C-53/04, Slg. 2006, I-7213 (Morrosu und Sardino).
Vgl. M. Franzen, Die jüngere Rechtsprechung des EuGH auf dem Gebiet des Arbeitsrechts, EuZA 1/2008, S. 1 bis 38 (29 f.).

[100] Vgl. R. Rebhahn, Der Kündigungsschutz des Arbeitnehmers in den Staaten der EU, ZFA 2/2003, S. 163 bis 235 (178 f.); D. Niksova und J. Pacic, Das neue tschechische Arbeitsgesetzbuch auf dem Weg zur Flexibilität? EuZA 1/2008, S. 78 bis 88; A. Gobert und I. Krisch, Arbeitsrecht in Ungarn, in: Arbeitsrecht in Europa, hrsg. von M. Henssler und A. Braun, Verlag Dr. O. Schmidt, 3. Aufl., Köln 2011, S. 1555 bis 1596, Rn. 9; M. Engblom, Recent Developments in Finnish Labour Law (10/2009 – 6/2013), EuZA 2014, S. 120 (125); B. Heinz (Hrsg.), Arbeits- und Sozialrecht in Mittel- und Osteuropa, 2. Auflage, Manz, Wien 2010, S. 59.

Einige Staaten schreiben eine Abfindung *bei* Ablauf der Zeit vor, sofern der Vertrag nicht verlängert wird; wie Slowenien und Portugal.[101] Wird die Arbeit nach Zeitablauf fortgeführt, so führt dies in Portugal in der Regel zur Vertragsverlängerung, in Estland dagegen zur Entfristung.[102]

Die Möglichkeit einer Befristung (und einer möglichst langen Probezeit) ist für Arbeitgeber umso bedeutender, je stärker der Kündigungsschutz ausgeprägt ist.[103] In manchen Staaten, wie Österreich, kann ein befristeter Vertrag mangels abweichender Vereinbarung nicht gekündigt werden, wohingegen in anderen Staaten, wie in Bulgarien, auch das befristete Dienstverhältnis ordentlich kündbar ist, sodass der Befristung die Funktion einer *Höchst*befristung zukommt.[104]

---

[101] Vgl. B. Kresal, Recent Developments in Slovenian Labour Law, EuZA 2013, S. 388 (392); F. Frey, Portugiesisches Arbeitsrecht im Wandel, EuZA 2014, S. 60 (67).

[102] Vgl. F. Frey, EuZA 2014, S. 66; P.K. Tupay, Das befristete Arbeitsverhältnis als Ausdruck der Flexicurity nach estnischem Modell, EuZA 2014, S. 468.

[103] Vgl. R. Rebhahn, Überlegungen zu weiteren europäischen Mindeststandards zum Arbeitsrecht, EuZA 2011, S. 295 (304).

[104] Vgl. B. Heinz (Hrsg.), Arbeits- und Sozialrecht in Mittel- und Osteuropa, 2. Auflage, Manz, Wien 2010, S. 26.

Alle Personen sind vor dem Gesetz gleich.[105] Die Gleichheit von Frauen und Männern ist in *allen* Bereichen, also einschließlich Beschäftigung und Arbeitsentgelt für gleiche und gleich*wertige* Arbeit, (glaubhaft) sicherzustellen.[106]

---

[105] Art. 19 und Art. 157 AEUV; Art. 3 EUV; Art. 20 GRC.

[106] Art. 23 GRC; Richtlinie 2004/113/EG des Rates vom 13. Dezember 2004 zur Verwirklichung des Grundsatzes der Gleichheit von Frauen und Männern beim Zugang zu und bei der Versorgung mit Gütern und Dienstleistungen, ABl L 373 vom 21.12.2004, S. 37.

Vgl. Art. 19 der Richtlinie 2006/54/EG des Europäischen Parlaments und des Rates zur Verwirklichung des Grundsatzes der Chancengleichheit und Gleichbehandlung von Männern und Frauen in Arbeits- und Beschäftigungsfragen vom 5. Juli 2006, Abl L 204, S. 23.

Vgl. EuGH 8.4.1976, 43/75, Slg. 1976, 455 (Defrenne II); EuGH 13.5.1986, 170/84, Slg. 1986, 1607 (Bilka); EuGH 7.2.1991, C-184/89, Slg. 1991, I-297 (Nimz); EuGH 9.9.1999, C-281/97, Slg. 1999, I-5127 (Krüger); EuGH 9.11.1993, C-132/92, Slg. 1993, I-5579 (Roberts); EuGH 28.2.2013, C-427/11 (Kenny); EuGH 26.6.2001, C-381/99, Slg. 2001, I-4961 (Brunnhofer); EuGH 31.5.1995, C-400/93, Slg. 1995, I-1275 (Royal Copenhagen); euGH 9.12.2004, C-19/02, Slg. 2004, I-11491 (Hlozek).

Vgl. A. Junker, Arbeitsrecht vor vierzig Jahren – Vergleichend betrachtet, EuZA 2012, S. 1 f.

Untersagt ist das unmittelbare, persönliche Diskriminieren, und was sich mittelbar, *un*sachlich diskriminierend auswirkt.[107] Der Grundsatz der Gleichheit er*fordert* Chancengleichheit.[108] Im Bereich der sozialen Sicherheit, vor allem beim gesetzlichen Rentenalter, wird der Grundsatz der Gleichbehandlung ebenso, aber *schrittweise* verwirklicht.[109]

---

[107] Vgl. EuGH 30.11.1993, C-189/91, Slg. 1993, I-6185 (Kirsammer-Hack); EuGH 31.5.1995, C-400/93, Slg. 1995, I-1275 (Royal Copenhagen); EuGH 26.9.2000, C-322/98, Slg. 2000, I-7505 (Kachelmann); EuGH 6.4.2000, C-226/98, Slg. 2000, I-2447 (Jørensen); EuGH 15.5.1986, 222/84, Slg. 1986, 1651 (Johnston); EuGH 30.6.1988, 318/86, Slg. 1988, 3559.

Vgl. T. Dullinger, Die unmittelbare Benachteiligung im GlBG, in: GedS. R. Rebhahn (2019), S. 33 ff; G. Thüsing, Grenzfragen mittelbarer Diskriminierung, in : GedS. R. Rebhahn, S. 611 ff.

[108] Art. 23 GRC. Vgl. EuGH 17.10.1995, C-450/93, Slg. 1995, I-3051 (Kalanke); EuGH 11.11.1997, C-409/95, Slg. 1997, I-6363 (Marschall); EuGH 6.7.2000, C-407/98, Slg. 2000, I-5539 (Abrahamsson).

[109] Richtlinie 79/7/EWG des Rates vom 19. Dezember 1978 zur schrittweisen Verwirklichung des Grundsatzes der Gleichbehandlung von Männern und Frauen im Bereich der sozialen Sicherheit, ABl L 6, S. 24; EuGH 14.12.1995, C-444/93, Slg. 1995, I-4741 (Megner und Scheffel); EuGH 14.12.1995, C-317/93, Slg. 1995, I-4621 (Nolte); EuGH 18.11.2010, C-356/09 (Kleist); EuGH 11.8.1995, C-92/94, Slg. 1995, I-2521 (Graham); EuGH 30.4.2004, C-172/02, Slg. 2004, I-5823 (Bourgard); EuGH 22.11.2012, C-385/11 (Elbal Moreno); EuGH 1.7.1993, C-154/92, Slg. 1993, I-3811 (Van Cant).

Vgl. EuGH 22.12.1993, C-152/91, Slg. 1993, I-6935 (Neath); EuGH 28.9.1994, C-200/91, Slg. 1994, I-4389 (Coroll); EuGH 17.5.1990, C-22/88, Slg. 1990, I-1889 (Barber); EuGH 14.12.1993, C-110/91, Slg. 1993, I-6591 (Moroni); EuGH 25.5.2000, C-50/99, Slg. 2000, I-4093 (Podesta).

Eine Diskriminierung wegen des Geschlechts, einschließlich Transsexualität und Intersexualität, sexueller Orientierung, der Religion und der Weltanschauung, der Behinderung, der Ethnie oder des Alters ist *dem Grunde nach* bei der Begründung, der Ausgestaltung sowie bei Beendigung des Arbeitsverhältnisses verboten.[110] Bei Kündigungen haben Diskriminierungsverbote umso größere Relevanz, je weniger ausgeprägt der allgemeine Schutz vor ungerechtfertigter Auflösung ist, je größer die Zahl der untersagten Unterscheidungsmerkmale ist und je höher die Anforderungen an das Fehlen einer Diskriminierung sind.[111]

Abseits von Diskriminierungsverboten aufgrund besonderer Merkmale zeigt sich vielerorts eine Tendenz zum: *allgemeinen* arbeitsrechtlichen Gleichbehandlungsgrundsatz.[112]

Die (Staats-)Völker sind in Europa verbunden, ihre Vielfalt; aller Bevölkerung Diversität zu achten.[113]

---

[110] Art. 21 Abs. 1 GRC; Richtlinie 2000/43/EG des Rates vom 29. Juni 2000 zur Anwendung des Gleichbehandlungsgrundsatzes ohne Unterschied der Rasse oder der ethnischen Herkunft, ABl L 180, S. 22; Richtlinie 2000/78/EG des Rates vom 27. November 2000 zur Festlegung eines allgemeinen Rahmens für die Verwirklichung der Gleichbehandlung in Beschäftigung und Beruf, ABl L 303, S. 16; EuGH 30.4.1996, C-13/94 (P/S); EuGH 7.1.2004, C-117/01 (K.B.); EuGH 22.11.2005, C-144/04, Slg. 2005, I-9981 (Mangold); EuGH 19.1.2010, C-555/07, Slg. 2010, I-365 (Kücükdeveci); EUGH 12.10.2010, C-45/09, Slg. 2010, I-09391 (Rosenbladt). Vgl. M. sprenger, Das arbeitsrechtliche Verbot der Altersdiskriminierung nach der Richtlinie 2000/78/EG, Hartung-Gorre, Konstanz 2006.
[111] Vgl. R. Rebhahn, Der Kündigungsschutz des Arbeitnehmers in den Staaten der EU, ZFA 2/2003, S. 163 bis 235 (180).
[112] Vgl. z.B.: P. Bailly und A. Feuerborn, Aktuelle französische Gesetzgebung und Rechtsprechung im Bereich der Antidiskriminierung, EuZA 1/2008, S. 68 bis 77.
[113] Präambel und Art. 22 GRC.

Die Union gibt keinen Mindestlohn vor,[114] ist aber *sichtlich* um gleiches Entgelt für gleiche Arbeit am gleichen Ort bemüht.[115]

Ein gesetzlicher Mindestlohn vermag zwar die Tarifverträge zu entwerten, steht einem Anrecht auf Kollektivverhandlungen jedoch nicht *prinzipiell* entgegen.[116] Einen solchen Mindestlohn gibt es in den meisten Mitgliedstaaten; *nicht* so in Österreich, Italien und Skandinavien, *auch* wegen: hoher Tarifbindung.[117] Wo es einen gesetzlichen Mindestlohn gibt, wird er rechnerisch angepasst oder willentlich festgesetzt, wobei die Sozialpartner an*gehört* werden oder mit*reden* dürfen (Verhandlungen).[118]

---

[114] Art. 153 Abs. 5 AEUV. Vgl. EuGH 25.5.1971, 80/70, Slg. 1971, 445 (Defrenne I); EuGH 9.2.1982, 12/81, Slg. 1982, 359 (Garland); EuGH 17.5.1990, C-262/88, Slg. 1990, I-1889 (Barber); EuGH 21.10.1999, C-333/97, Slg. 1999, I-7243 (Lewen); EuGH 13.7.1989, 171/88, Slg. 1989, 2743 (Rinner-Kühn); EuGH 9.2.1999, C-167/97, Slg. 1999, I-623 (Seymour-Smith).

Vgl. EuArbRK[3] / M. Franzen AEUV Art. 153 Rn. 48; G. Löschnigg (Hrsg.), Staatliche Eingriffe in das System der Mindestentgelte im internationalen Vergleich, Verlag des ÖGB, Wien 2013.

[115] Vgl. D. Niksova, Entsenderichtlinie neu: „Gleiches Entgelt für gleiche Arbeit am gleichen Ort"? ZAS 2019/28, S. 152 bis 160; dies., Das deutsche Mindestlohngesetz bei grenzüberschreitenden Sachverhalten, ZAS 2016, S. 156.

[116] Vgl. R. Rebhahn, Gestaltungsbedingungen in einem vereinten Europa im Rechtsvergleich, in: W. Brodil (Hrsg.), Gestaltungsräume und neue Grenzen im Arbeitsrecht, Wiener Oktobergespräche 2016, Manz, Wien 2017, S. 1 f.

[117] Vgl. R. Rebhahn, Mindestlöhne, wbl 2016, S. 689; R. Mosler und W.J. Pfeil (Hrsg.), Mindestlohn im Spannungsfeld zwischen Kollektivvertragsautonomie und staatlicher Sozialpolitik, Verlag des ÖGB, Wien 2016.

[118] Vgl. A. Jacobs, Labour and the Law in Europe, S. 49.

Eine Gruppe, darunter Ungarn, weist weniger als 500 Euro im Monat (brutto) als Mindestlohn aus; in der zweiten Gruppe, darunter Griechenland, Portugal und Slowenien, sind zwischen 500 und 1000 Euro pro Monat vorgeschrieben; über 1000 Euro gibt es in der dritten Gruppe, zu der Frankreich, Großbritannien und Deutschland zählen, wobei die Bandbreite im Jahr 2019 von 286 in Bulgarien bis 2071 Euro in Luxemburg reicht.[119]

Wird auf Kaufkraftstandards für Konsumausgaben privater Haushalte abgestellt, so verringern sich die Unterschiede, und: bei Betrachtung des Verhältnisses der nationalen Mindestlöhne zum Meridian der Bruttoverdienste zeigt sich für das Jahr 2014, dass die Anteile der Mindestlöhne *daran* von 40 % in Estland bis 66 % in Portugal reichten.[120]

Der Anteil der Arbeitnehmer, welche weniger als 105 % des Mindestlohns verdienen, gibt Auskunft darüber, inwieweit sich Arbeitgeber daran orientieren, wie etwa im Oktober 2014: bei 0,4 % in Belgien, 7,1 % in Kroatien, 8,4 % in Frankreich und 19,1 % in Slowenien.[121] Welchen Einfluss der Mindestlohn auf Beschäftigung und Armut hat, lässt sich *schwerlich* sagen.[122]

---

[119] Eurostat, Statistics Explanied, Statistiken über Mindestlöhne, Januar 2019; Statista, Gesetzliche Mindestlöhne pro Stunde in Ländern der Europäischen Union, Januar 2019.
[120] Eurostat, Statistics Explanied, Statistiken über Mindestlöhne, Januar 2019.
[121] Eurostat, Statistics Explanied, Statistiken über Mindestlöhne, Januar 2019.
[122] Vgl. T. Boeri und J. van Ours, The Economics of Imperfect Labor Markets, Princeton University Press 2008, S. 28 ff.

Für den Arbeitgeber spielen auch die Lohn*neben*kosten eine Rolle: Im Jahr 2018 entfielen auf 100 Euro Bruttoverdienst im Durchschnitt der Union 30 Euro Lohnnebenkosten, doch reicht die Bandbreite von 9 Euro in Malta bis 49 Euro in Schweden.[123] Die(se) Höhe der Arbeitskosten ist *auch* vor dem Hintergrund durchschnittlicher Arbeitsproduktivität zu werten, die aufgrund der nationalen Verhältnisse deutlich divergieren kann.[124]

Die Bedeutung des Mindestlohns ist nicht zuletzt von seiner Effektivität und damit von den Möglichkeiten der Durchsetzung abhängig.[125] Es scheint, als würden strengere Regeln oftmals weniger streng überwacht als gelockerte, doch ist *damit* nichts über die Rechtstreue (Befolgungsrate) ausgesagt.[126] *Sämtliche* Regelungen sind vor dem Hintergrund der Schattenwirtschaft zu sehen: Für das Jahr 2019 wird ihr Umfang für Griechenland auf 19,2 %, Italien 18,7 %, Deutschland 9,1 % und Österreich 6,1 % vom offiziellen Bruttoinlandsprodukt geschätzt.[127]

---

[123] Statista (2019), Lohnnebenkosten auf 100 Euro Bruttoverdienst in der Privatwirtschaft in den Mitgliedsstaaten der Europäischen Union in den Jahren 2016 bis 2018.

[124] Vgl. S. Deakin, Labour Law as Market Regulation, in: P. Davies, A. Lyon-Caen, S. Sciarra und S. Simits (Hrsg.), European Community Labour Law: Principles and Perspectives, Liber Amicorum Lord Wedderburn, Clarendon Press, Oxford 1996, S. 63 ff. (74).

[125] Vgl. J. Malmberg, Enforcement of Labour Law, in: B. Hepple und B. Veneziani (Hrsg.), The Transformation of Labour Law in Europe, Hart Publishing, Oxford und Portland, Oregon 2009, S. 263 bis 287.

[126] Vgl. R. Kanbur und L. Ronconi, Enforcement matters: The effective regulation of labour, International Labour Review, Band 157, Heft 3, im Jahr 2018, S. 331 bis 356.

[127] Statista, Prognose zum Umfang der Schattenwirtschaft in ausgewählten Ländern der OECD im Jahr 2019, Februar 2019. Vgl. K. Grillberger, Über die Effektivität arbeitsrechtlicher Normen, in: GedS. R. Rebhahn (2019), S. 89 ff.

Die Rechtspositionen einzelner Arbeitnehmer können gegen den Arbeitgeber auf verschiedene Weise durchgesetzt werden: individuelles Klagerecht, Klagerecht einer (über-)betrieblichen Arbeitnehmerorganisation (auf Feststellung oder auf Leistung), eine Behörde sorgt von Amts wegen für die Durchsetzung und kann Sanktionen (Strafen) einsetzen; die Staaten nutzen diese Alternativen (und kombinieren sie) bisher unterschiedlich.[128]

In Frankreich wird das Arbeitsrecht viel eher im Wege der öffentlichen Verwaltung und des Strafrechts durchgesetzt als etwa in Deutschland und Österreich.[129] In Großbritannien wird regelmäßig eine Liste jener Arbeitgeber veröffentlicht, die sich nicht an den Mindestlohn gehalten haben.[130] Dieselbe Frage kann von Staat- zu Staat mitunter unterschiedlich eingeordnet; dem Privat- oder dem öffentlichen Recht zugeordnet sein.[131]

---

[128] Vgl. R. Rebhahn, Individualarbeitsrecht zwischen privatem und öffentlichem Recht? EuZA 2011, S. 143; A. Junker, Gesetzlicher Mindestlohn und Europäische Grundfreiheiten, EuZA 2015, S. 399 f.

[129] Vgl. R. Rebhahn in: W. Brodil (Hrsg.), Gestaltungsräume und neue Grenzen im Arbeitsrecht (2016), S. 5.

[130] https://www.gov.uk/government/news/nearly-200-employers-named-and-shamed-for-underpaying-thousands-of-minimum-wage-workers (Stand Januar 2019).

[131] Vgl. R. Rebhahn, ZEuP 2002, S. 445.

Bei Zahlungsunfähigkeit des Arbeitgebers ist das Entgelt des Arbeitnehmers weitgehend durch eine (Garantie-)Einrichtung *dort* abgesichert, wo er seine Arbeit verrichtet.[132] In manchen Staaten kann die Insolvenzeröffnung aber mit Erleichterungen für die Beendigung des Arbeitsvertrages durch den Arbeitgeber oder den Insolvenzverwalter einhergehen.[133]

Verfalls- und Verjährungsfristen sind zulässig, solange sie es Arbeitnehmern (noch) ermöglichen, ihre Ansprüche *effektiv* geltend zu machen.[134]

---

[132] Richtlinie 80/987/EWG des Rates vom 20. Oktober 1980 zur Angleichung der Rechtsvorschriften der Mitgliedstaaten über den Schutz der Arbeitnehmer bei Zahlungsunfähigkeit des Arbeitgebers, ABl L 283, S. 23 in der Fassung der RL 2008/94/EG des Europäischen Parlaments und des Rates vom 22. Oktober 2008 über den Schutz der Arbeitnehmer bei Zahlungsunfähigkeit des Arbeitgebers, ABl L 283, S. 36.

[133] Vgl. A. Jacobs, Labour and the Law in Europe, S. 91 f.

[134] Vgl. EuGH 2.12.1997, C-188/95, Slg. 1997, I-6783 (Fantask); EuGH 18.9.2003, C-125/01, Slg. 2003, I-9375 (Pflücke); EuGH 1.12.1998, C326/96, Slg. 1998, I-7835 (Levez); EuGH 8.7.2010, C-246/09 (Bulicke).

Jeder Arbeitnehmer in der Union hat Anspruch auf Schutz vor ungerechtfertigter Kündigung.[135] Es reicht nicht aus, sofern wir von frist*losen* Entlassungen absehen, *nur* eine Frist zu wahren, denn die vom Arbeitgeber ausgesprochene Kündigung *müsste* dem Grunde nach gerechtfertigt sein.[136]

Die nationale *Handhabe* des Kündigungsschutzes kann mit Bezug zur Niederlassungsfreiheit *wiederum* rechtfertigungsbedürftig sein, wenn und weil sie den Zuzug oder Wegzug von Unternehmern beschränkt.[137] Die unternehmerische Freiheit ist nach Unionsrecht und einzelstaatlichen Rechtsvorschriften und Gepflogenheiten anerkannt.[138]

---

[135] Art. 30 GRC. Vgl. EuGH 3.7.1986, 66/85 (Lawrie-Blum); EuGH 12.5.1998, C-85/96 (Martínez Sala); EuGH 4.10.2001, C-109/00 (Brandt-Nielsen); EuGH 6. 11. 2003, C-413/01 (Ninni-Orasche); EuGH 13. 1. 2004, C-256/01 (Allonby); EuGH 12. 10. 2004, C-55/02 (Kommission/Portugal); EuGH 11. 11. 2010, C-232/09 (Danosa); EuGH 17.11.2016, C-216/15 (Betriebsrat der Ruhrlandklinik); EuGH (GK) 21.12.2016, C-201/15 (AGET Iraklis).

Vgl. A. Junker, Europäische Vorschriften zur Kündigung, EuZA 2014, S. 143.
[136] Vgl. J. Schregle, Die Beendigung des Arbeitsverhältnisses durch den Arbeitgeber aus rechtsvergleichender Sicht, DRdA 1979, S. 361 ff.
[137] Vgl. EuGH (GK) 21.12.2016, C-201/15 (AGET).
[138] Art. 16 GRC.

In den Niederlanden und in Dänemark kann der Arbeitgeber den Arbeitnehmer *generell* nicht ohne behördliche Bewilligung kündigen, während ein solches Erfordernis *sonst* eher nur für besonders schützenswerte Arbeitnehmergruppen besteht, wie für Schwangere, auch für Vertreter der Arbeitnehmerschaft.[139]

In manchen Staaten *gilt* eine Kündigung als unberechtigt, außer sie wäre auf einen der rechtfertigenden Gründe gestützt, wobei der Katalog derselben in letzter Zeit tendenziell erweitert wird, in manch anderen gilt sie als gerechtfertigt, solange sie sich im gesetzlichen Rahmen bewegt; zur letzten Gruppe sind Belgien, Griechenland, England, Deutschland sowie Österreich zu zählen; die erste Gruppe lässt sich untergliedern in Staaten mit ausführlicher, abschließender Umschreibung aller Gründe, wie Spanien, Portugal und die Niederlande, und jene mit einer allgemein gehaltenen Umschreibung, wie Frankreich, Italien, Schweden oder Finnland.[140]

---

[139] Vgl. I.M. Hoogendoorn und J.N. Rogmans, Arbeitsrecht in den Niederlanden, in: Arbeitsrecht in Europa, hrsg. von M. Hennsler und A. Braun, 3. Auflage, Verlag Dr. Otto Schmidt, S. 777-843, Rn. 128; Jaspers, Dutch labour law and the European Convention on Human Rights, EuZA 2013, S. 161 (166).
[140] Vgl. R. Rebhahn, Der Kündigungsschutz des Arbeitnehmers in den Staaten der EU, ZFA 2/2003, S. 163 bis 235 (172 f.); A. Bronstein, International and Comparative Labour Law, ILO, Genf 2009, S. 75 f.

Die Erklärung der Kündigung ist in vielen Staaten schriftlich, in manchen auch begründet abzugeben, sei es stets oder nur auf Verlangen, und vereinzelt ist der Arbeitgeber verpflichtet, vorher mit dem Arbeitnehmer zu sprechen oder die betriebliche Vertretung (zu informieren und) anzuhören.[141] In der Mehrzahl der Staaten gilt der Kündigungsschutz ohne Rücksicht auf die Größe der Arbeitsstätte; *nicht* so in Deutschland und Österreich für Kleinstbetriebe bis zu fünf Arbeitnehmern.[142] In einer Reihe von Staaten greift der Kündigungsschutz aber erst nach einer Mindestdauer des Arbeitsverhältnisses, etwa sechs Monate in Deutschland und Österreich, ein Jahr in Großbritannien und in Dänemark; wo es keine Wartezeit gibt, kann eine Probezeit mit leichter Lösungsmöglichkeit die nämliche Funktion erfüllen.[143]

Die Kriterien für eine zulässige, gerechtfertigte Kündigung sind von den Rechten der Abreitnehmer bei ungerechtfertigter Kündigung zu unterscheiden: Manche Staaten gewähren ein Anrecht auf Fortbestand des Arbeitsverhältnisses, andere nur einen Anspruch auf Entschädigung für Arbeitsplatzverlust; in Österreich greift der Bestandschutz unter Umständen *nicht* ein, falls der Arbeitnehmer in absehbarer Zeit einen angemessenen (neuen) Arbeitsplatz finden kann.[144]

---

[141] Vgl. R. Rebhahn, ZFA 2/2003, S. 175.
[142] Vgl. R. Rebhahn, ZFA 2/2003, S. 191.
[143] Vgl. R. Rebhahn, ZFA 2/2003, S. 192 f.
[144] Vgl. N. Nieto, EuZA 2012, S. 569; G. Löschnigg, Arbeitsrecht, 11. Aufl., ÖGB Verlag, Wien 2011, S. 553 ff.

Der Kündigungsschutz wirkt in Bezug auf Gründe, die in der Person oder in ihrem Verhalten liegen, darauf zurück, was der Arbeitgeber vom Arbeitnehmer im Arbeitsverhältnis erwarten darf; und mit Bezug auf die Kündigung aus (rein) betrieblichen Gründen *darauf*, inwieweit der Arbeitnehmer vom Arbeitgeber die *soziale* Gestaltung betrieblicher Verhältnisse erwarten darf, um von seiner Kündigung wegen Wegfalls des Arbeitsplatzes möglichst abzusehen.[145] Anforderungen an die besagte soziale Gestaltungspflicht wurden in mehreren Staaten herabgesetzt, etwa in Slowenien und Tschechien.[146]

Die Auswahl des zu Kündigenden hat in Schweden primär nach dem Dienstalter, in Deutschland und mit einer geringeren Überprüfungsdichte auch in Österreich hingegen nach sozialen Gesichtspunkten zu erfolgen, während in Polen eher berufliche Kriterien im Vordergrund stehen; nur geringe Vorgaben an eine sachliche, nachvollziehbare Auswahl gibt es etwa in Finnland, Dänemark und Großbritannien.[147]

---

[145] Vgl. R. Rebhahn, ZFA 2/2003, S. 183 und 186 f.

[146] Vgl. B. Kresal, Recent Developments in Slovenian Labour Law, EuZA 2013, S. 388; D. Niksova und J. Pacic, EuZA 1/2008, S. 78 ff.

[147] Vgl. R. Rebhahn, ZFA 2/2003, S. 202 ff; J. Franek, Polen: Abschluss, Änderung, Übergang und Beendigung des Arbeitsvertrages im Vergleich zum deutschen Recht, ZfRV 2000, S. 161 ff.

Für Unternehmer ist neben der Höhe des Entgelts und der Dauer und Flexibilität der Arbeitszeit vor allem die Möglichkeit wichtig, die Zahl der Mitarbeiter und damit die Personalkosten rasch dem Arbeitsbedarf anzupassen.[148]

Bislang steht dem Arbeitgeber die Kündigung frei, wenn er den Betrieb schließen will.[149] Bei Betriebsänderungen sind auf Betriebsebene oft *Sozialpläne* auszuarbeiten: als Maßnahmen zur Beseitigung, Verhinderung oder Milderung wirtschaftlicher Nachteile für davon betroffene Arbeitnehmer, dergleichen wird jedoch (noch) nicht allerorten gepflogen, zum Beispiel: nicht in Tschechien und in Ungarn.[150]

---

[148] Vgl. V. Rieble (Hrsg.), Reformdruck auf das Arbeitsrecht in Europa (2006), § 6, Referat von R. Rebhahn: Die Sicht der deutschsprachigen Länder, Rn. 30.

[149] Vgl. R. Rebhahn, ZEuP 2002, S. 463.

[150] Vgl. R. Rieble (Hrsg.), Reformdruck auf das Arbeitsrecht in Europa (2006), § 2, Referat von S. Evju: Die Sicht der skandinavischen Länder, Rn. 63; M. Huger (Hrsg.), Employment Law in CEE (2010), S. 85 und 101.

Die Übertragung wirtschaftlicher Aufgaben rechtfertigt, vom Konkursfall abgesehen, bei einem *Wechsel von Inhabern* einer *wirtschaftlichen* Einheit keine Kündigung, falls die Einheit dabei ihre Identität bewahrt.[151] Der Arbeitnehmer wird indes *nicht* zur Dienstleistung für den Erwerber genötigt.[152]

*Massen*beendigungen sind zulässig, doch ist das Verfahren eingehend geregelt, um (entgegenwirkende oder) abfedernde Maßnahmen zu ermöglichen.[153] Hier*an* zeigt sich die Tendenz, auf ein Zusammenwirken von Arbeitgeber, Arbeitnehmerschaft und Arbeitsamt (Behörde) hinzuwirken.[154]

---

[151] Richtlinie 2001/23/EG des Rates vom 12. März 2001 zur Angleichung der Rechtsvorschriften über die Wahrung von Ansprüchen der Arbeitnehmer beim Übergang von Unternehmen, Betrieben oder Unternehmens- oder Betriebsteilen, ABl L 82, S. 16.

Vgl. EuGH 2.12.1999, C-234/98, Slg. 1999, I-8643 (Allen); EuGH 26.9.2000, C-175/99, Slg. 2000, I-7755 (Mayeur); EuGH 15.10.1996, C-298/94, Slg. 1996, I-4989 (Henke); EuGH 10.12.1998, C-173/96, Slg. 1998, I-8237 (Hidalgo); EuGH 19.5.1992, C-29/91, Slg. 1992, I-3189 (Redmond Stichting); EuGH 7.2.1995, C-135/83, Slg. 1995, I-479 (Abels); EuGH 18.3.1986, 24/85, Slg. 1986, 1119 (Spijkers); EuGH 10.2.1998, 324/86, Slg. 1988, 739 (Daddy's Dance Hall); EuGH 11.3.1997, C-13/95, Slg. 1997, I-1259 (Süzen); EuGH 19.9.1995, C-48/94, Slg. 1995, I-2745 (Rygard); EuGH 14.4.1994, C-392/93, Slg. 1994, I-1311 (Christel-Schmidt; EuGH 12.2.2009, C-466/07, Slg. 2009, I-803 (Klarenberg); EuGH 15.12.2005, C-232, 233/04, Slg. 2005, I-11237 (Güney-Görres); EuGH 13.9.2007, C-458/05, Slg. 2007, I-7301.

Vgl. G. Reissner, Übernahme von Mitarbeitern und Betriebsübergangsbegriff, in: GedS. R. Rebhahn (2019), S. 489 ff.

[152] Vgl. EuGH 16.12.1992, C-138/91, Slg. 1992, I-6577 (Katsikis).

[153] Richtlinie 98/59/EG des Rates zur Angleichung der Rechtsvorschriften der Mitgliedstaaten über Massenentlassungen vom 20. Juli 1998, ABl L 255, S. 16. Vgl. 12.2.1985, 284/83, Slg. 1985, 553 (Nielsen); EuGH 7.9.2006, C-187/05 bis C-190/05, Slg. 2006, I-7775 (Agorastoudis u.a.); EuGH 7.12.195, C-449/93, Slg. 1995, I-4291 (Rockfon); EuGH 11.11.2015, C-422/14 (Pujante Rivera); EuGH 10.12.2009, C-323/08, Slg. 2009, I-11621 (Rodriguez Mayor).

[154] Vgl. J. Schregle, DRdA 1979, S. 361 ff.

Manche Staaten sprechen *dann* von einer *solchen* Beendigung, wenn innerhalb von 30 Tagen eine gewisse Anzahl von Arbeitnehmern *relativ* zur Größe der *Belegschaft* gekündigt wird, während andere auf eine *absolute* Zahl der Kündigungen im Zeitraum von 90 Tagen abstellen.[155]

Mehrere Länder, wie Deutschland und Österreich, nicht aber beispielsweise Schweden, sehen vor, dass ein Arbeitgeber, der eine Mehrzahl von Arbeitnehmern zu kündigen gedenkt, über (Sozialplan-)Maßnahmen zur Abfederung, etwa Umschulungen oder Abfindungen, zu verhandeln hat; bei Uneinigkeit kann sich die Vertretung der Arbeitnehmerschaft an eine neutrale Stelle wenden, welche verbindlich zu entscheiden befugt ist.[156]

Wer Schwierigkeiten hat, seine Arbeitnehmer wirtschaftlich sinnvoll zu beschäftigen, wird vielleicht dennoch geneigt sein, von der Kündigung abzusehen, wenn und weil die Möglichkeit einer vorübergehenden Freistellung gegen Entfall des Entgelts besteht, zuweilen bei teilweisem Ersatz durch Sozialleistungen; *prinzipiell* trägt aber überall der Arbeitgeber das wirtschaftliche (Unternehmer-)Risiko, außer bei *Höherer* (Natur-)Gewalt.[157]

---

[155] Vgl. Art. 1 Abs. 1 der RL 98/59/EG; EuGH 7.2.1985, 186/83, Slg. 1985, 519 (Botzen Botzen); EuGH 7.9.2006, C-197/05 bis C-190/05, Slg. 2006, I-7775 (Agorastoudis); EuGH 7.12.1995, C-449/93, Slg. 1995, I-4291 (Rockfon).

[156] Vgl. R. Rebhahn, Überlegungen zu weiteren europäischen Mindeststandards zum Arbeitsrecht, EuZA 2011, S. 295 (305).

[157] Vgl. R. Rebhahn, ZFA 2/2003, S. 201 f; A. Jacobs, Labour and the Law in Europe, 46.

Zahlreiche Staaten verpflichten gesetzlich den Arbeitgeber zur Zahlung einer Abfindung bei betriebsbedingter Kündigung, wobei dieser Anspruch nach einer Mindestbeschäftigungsdauer zusteht und die Höhe mit der Dauer des Arbeitsverhältnisses steigt; in vielen *dieser* Staaten besteht der Anspruch auch bei *ordentlicher* personen- und verhaltensbedingter Kündigung.[158]

Eine hohe Abfindung kann, wenn nicht schon die Aufgabe, so doch die Wirkung haben, eine geringe Unterstützung bei der Arbeitslosigkeit zu ergänzen (oder zu ersetzen); so könnte es vor allem in Italien sein.[159] Nordische Länder sind eher auf eine starke sozialer Absicherung ausgerichtet, zugleich aber auf die Flexibilität am Arbeitsmarkt bedacht (Flexicurity).[160]

In Österreich ist die Abfindung (Abfertigung) nicht (mehr) als Zahlungspflicht des Arbeitgebers bei Vertragsende, sondern als laufende Beitragspflicht an eine Kasse ausgestaltet, an die allein sich der Arbeitnehmer dann zu wenden hat, sozusagen als eine *Hin*führung zur Betriebspension; die Anwartschaft geht auch bei Selbstkündigung nicht verloren.[161]

---

[158] Vgl. R. Rebhahn, ZEuP 2002, S. 463 f.

[159] Vgl. R. Rebhahn, Der Kündigungsschutz des Arbeitnehmers in den Staaten der EU, ZFA 2/2003, S. 163 bis 235 (166 f.).

[160] Vgl. R. Rieble (Hrsg.), Reformdruck auf das Arbeitsrecht in Europa (2006), § 2, Referat von S. Evju, Die Sicht der skandinavischen Länder; A. Westregård, Changes in the Swedish Sickness Insurance System and Labour Law due to Influence of Flexicurity, EuZA 2014, S. 30.

[161] Vgl. F. Marhold und M. Friedrich, Österreichisches Arbeitsrecht, 3. Aufl., Verlag Österreich, Wien 2016, S. 155 ff.

Das Fehlen einer Abfindung könnte einen Einfluss auf jene Anforderungen haben, die Gerichte an eine Kündigung stellen; so sind sie in Deutschland, wo sie nur dann gebührt, wenn die Fortsetzung unzumutbar ist, höher als in Österreich, obwohl die Rechtstexte (allein) dies nicht vermuten lassen würden.[162]

Besteht ein Anspruch auf Abfindung gegen den Arbeitgeber, so dürfte die Weiterbeschäftigung für viele Arbeitnehmer nicht mehr *so* wichtig erscheinen.[163] Novellen der letzten Jahre zum Kündigungsschutz zeigen, dass Staaten vom alleinigen Ziel der Wiedereinstellung vermehrt abrücken.[164] Für den Fall, dass das Arbeitsverhältnis fortzusetzen ist, finden sich Beschränkungen der Entgeltnachzahlungspflicht, etwa in Polen.[165]

Die einvernehmliche Beendigung ihres Arbeitsverhältnisses durch Aufhebungsvertrag steht den Vertragsparteien in allen Mitgliedstaaten frei; sie ist an sich unproblematisch, kann sich jedoch auf allerlei nachvertragliche Rechtsfragen auswirken.[166]

---

[162] Vgl. R. Rebhahn, ZFA 2/2003, S. 168; derselbe, Abfindung statt Kündigungsschutz? Rechtsvergleich und Regelungsmodelle, RdA 2002, S. 272.

[163] Vgl. R. Rebhahn, ZEuP 2002, 464.

[164] Vgl. E. Kovács und Z. Bankó, Die Lehre der ungarischen Kodifikation – Gesetzgeberische Konzepte, ihre Auswirkungen und neue Probleme, EuZA 2016, S. 263 (169).

[165] Vgl. M. Kiedrowski, Rechtsfolgen rechtswidriger Kündigungen im polnischen Arbeitsrecht, EuZA 2012, S. 346.

[166] Vgl. J. Pacic, Die einvernehmliche Auflösung des Arbeitsvertrages im Rechtsvergleich, ZfRV 5/2007/28, S. 187.

Der Einfluss des Kündigungsschutzes auf den Arbeitsmarkt, vor allem die Arbeitslosenquote, ist umstritten; fest steht aber, dass die Kosten in manchen Ländern nur schwer oder kaum zu kalkulieren sind, und die Meinungen über das richtige Maß an Kündigungsschutz auseinandergehen.[167]

Vertragsklauseln, die den Arbeitnehmer nach der Beendigung des Arbeitsverhältnisses in der Erwerbstätigkeit beschränken, und Klauseln, die Arbeitnehmer verpflichten, vom Arbeitgeber getragene Kosten der Aus- und Fortbildung zu erstatten, wenn der Arbeitnehmer selbst kündigt, binden den Arbeitnehmer an das Unternehmen.

Die Bindungs*dauer* zur Rückzahlung von Ausbildungs*kosten* ist gesetzlich oftmals sowohl auf *wenige* Jahre, drei oder fünf, begrenzt als auch an eine Aliquotierungspflicht gebunden; teils sind noch andere Einschränkungen zu finden, zum Beispiel in Tschechien die Bedingung festgelegter *Mindest*kosten, die bei mehreren Tausend Euro liegen.[168]

---

[167] Vgl. R. Rebhahn, Weniger oder mehr Kündigungsschutz? EuZA 2012, S. 439 f; A. Bronstein, International and Comparative Labour Law (2009), S. 73.
[168] Vgl. M. Huger (Hrsg.), Employment Law in CEE (2010), S. 80, 97 und 114.

Konkurrenzklauseln für die Zeit nach dem Vertragsende sind in Tschechien und Österreich mit einem Jahr, in Kroatien und Slowenien mit zwei Jahren beschränkt; in Bulgarien und in der Slowakei sind sie gänzlich *un*zulässig.[169]

Wo solche aber zulässig sind, da wird für gewöhnlich eine Karenzentschädigung gefordert: Fortzahlung des Entgelts, zu 25 %, im Ausmaß eines Drittels oder sogar in voller Höhe.[170]

---

[169] Vgl. M. Huger (Hrsg.), Employment Law in CEE (2010), S. 45, 60, 78, 161, 176 f.; G. Tavits, Entwicklungen und aktueller Stand des estnischen Arbeitsrechts, EuZA 2013, S. 124 (127).

[170] Vgl. D. Niksova und J. Pacic, EuZA 1/2008, S. 78 ff; M. Huger (Hrsg.), Employment Law in CEE (2010), S. 60, 113, 176 f; B. Nyström, Developments in Swedish Labour Law 2012-2016, EuZA 2017, S. 283 (297).

3. Vortrag.

Der Arbeitnehmerschaft muss auf den geeigneten Ebenen eine rechtzeitige Unterrichtung und Anhörung in alle *den* Fällen und unter *den* Voraussetzungen gewährleistet sein, die nach dem Unionsrecht und den einzelstaatlichen Rechtsvorschriften und Gepflogenheiten vorgesehen sind.[171]

Die zentrale Leitung von größeren Unternehmen (Gruppen, Konzernen), die im EWR operieren, hat die Errichtung eines Europäischen Betriebsrates *oder* lediglich eines Verfahrens zur Unterrichtung und Anhörung der Arbeitnehmer sicherzustellen; ein *besonderes* Verhandlungsgremium ist hier mit der *näheren* Ausgestaltung zu befassen.[172] Die Gründung einer SE, das ist die Europäische Gesellschaft, erfordert überdies die Mitwirkung der (betroffenen) Arbeitnehmerschaft.[173]

---

[171] Art. 27 GRC. Vgl. EuGH 15.1.2014, C-176/12 (AMS).

Vgl. R. Mosler, Die Zukunft der Arbeitnehmerbeteiligung in Europa – Das österreichische Modell, EuZA 2015, 192; H. Lehofer, Keine unmittelbare Drittwirkung des Rechts auf Unterrichtung und Anhörung der Arbeitnehmer im Unternehmen, ÖJZ 2014/41, S. 282; M. Holoubek, Keine mittelbare Drittwirkung für „Grundsätze" der GRC, DRdA 2015, S. 21; F. Marhold, Die Koalitionsfreiheit im österreichischen Recht, DRdA 2015, S. 413.

[172] Richtlinie 2009/38/EG des Europäischen Parlaments und des Rates vom 6. Mai 2009 über die Einsetzung eines Europäischen Betriebsrates oder die Schaffung eines Verfahrens zur Unterrichtung und Anhörung der Arbeitnehmer in gemeinschaftsweit operierenden Unternehmen und Unternehmensgruppen, ABl L 122, S. 28.

[173] Richtlinie 2001/86/EG des Rates vom 8. Oktober 2001 zur Ergänzung des Statuts der Europäischen Gesellschaft hinsichtlich der Beteiligung der Arbeitnehmer, ABl L 294, S. 22.

Für die Unterrichtung und Anhörung der Arbeitnehmer gibt es in der Europäischen Union einen *allgemeinen* Rahmen, der nach staatlicher Auswahl nicht auf Unternehmen anzuwenden ist, worin weniger als 50, *oder* auf Betreibe, worin weniger als 20 Arbeitnehmer (Arbeitnehmerinnen) beschäftigt sind, wobei die beschäftigungsrelevanten Faktoren divergieren.[174]

---

[174] Richtlinie 2002/14/EG des Europäischen Parlaments und des Rates vom 11. März 2002 zur Festlegung eines allgemeinen Rahmens für die Unterrichtung und Anhörung der Arbeitnehmer in der Europäischen Gesellschaft – Gemeinsame Erklärung des Europäischen Parlaments, des Rates und der Kommission zur Vertretung der Arbeitnehmer, ABl L 80, S. 29.
Vgl. EuGH 18.1.2007, C-385/05, Slg. 2007, I-611 (CGT).

In mehreren Staaten gibt es ein *Organ* der Belegschaft, das die *gesamte* Arbeitnehmerschaft vertritt, zumeist wird sie aber gewerkschaftlich vertreten.[175] In Deutschland und Österreich ist nur die Gesamt*vertretung* als: Betriebsrat, in Frankreich und Spanien beide, in Italien kaum eine und in Großbritannien eine Zwischenform gesetzlich geregelt.[176] Das macht eine weniger institutionelle, vielmehr die funktionale Betrachtung sinnvoll.[177] In Litauen ist übrigens der Betriebsrat nach deutschem Vorbild jüngst konzipiert worden.[178] In Ostmitteleuropa sind gesetzlich zwar für gewöhnlich Betriebsräte in größeren Arbeitsstätten zu errichten, doch mangelt es ihnen im Vergleich mit Deutschland und Österreich an einer *ähnlichen* Kompetenz zum Abschluss von Betriebsvereinbarungen.[179]

Zahlreiche Mitbestimmungsrechte hat die Vertretung der Belegschaft in Deutschland und in den Niederlanden sowie, mit Abstand, in Österreich; deutlich weniger in Spanien, vereinzelt in Frankreich; keine *gesetzlichen* Mitbestimmungsrechte gibt es in Italien, Großbritannien und Portugal.[180]

---

[175] Vgl. R. Rebhahn, Collective Labour Law in Europe in a Comparative Perspective (Part II), The International Journal of Comparative Labour Law and Industrial Relations 20/1 (2004), S. 107 bis 132 (117 ff.).

[176] Vgl. R. Rebhahn, Der Vorrang der günstigeren Regelung aus rechtsvergleichender Sicht, EuZA 1/2008, S. 39 bis 67 (60 f.).

[177] Vgl. J. Schregle, die österreichische Betriebsverfassung aus rechtsvergleichender Sicht, DRdA 1987, S. 82 ff.

[178] Vgl. T. Davulis, Reform des Arbeitsrechts in Litauen: Ein Beispiel des Liberalismus oder die Suche nach Gleichgewicht? EuZA 2018, S. 122.

[179] Vgl. M. Huger (Hrsg.), Employment Law in CEE (2010), S. 92 f. und 157.

[180] Vgl. R. Rebhahn, Ziele und Probleme der Arbeitsrechtsvergleichung in Europa, ZEuP 2002, S. 438.

Zumeist geht es um Möglichkeiten, die unternehmerischen Entscheidungen zu verzögern, zu verteuern oder (letztlich) zu verhindern; in Deutschland und in Österreich gibt es sogar eine Zwangsschlichtung auf Betreiben der Belegschaftsvertretung, in Österreich kann ein Einvernehmen mit dem Betriebsrat aber bisweilen auch die unternehmerische Entscheidung absichern, insb. die Anfechtung einer Kündigung wegen Sozialwidrigkeit unterbinden (sperren).[181]

Zur Betriebsverfassung wäre *nach*zufragen, ob das Fehlen nennenswerter gesetzlicher Mitbestimmungsrechte anderswie kompensiert wird, wie in Italien (häufig) durch tarifvertraglich eingeräumte Mitwirkungsrechte; in Schweden und Dänemark wird das Fehlen echter Mit*bestimmung*, vom Stellenwert der betrieblichen Gewerkschaftsvertretung abgesehen, der mit den politischen Kräfteverhältnissen zusammenhängt, *auch* durch die Vertretung der Arbeitnehmerschaft im geschäftsführenden Organ ausgeglichen.[182] Bei ihrer Beteiligung im Aufsichtsrat ist die deutsche Regelung vergleichsweise weitreichend.[183]

---

[181] Vgl. F. Marhold und M. Friedrich, Österreichisches Arbeitsrecht, 3. Aufl., Verlag Österreich, Wien 2016, S. 315 ff.

[182] Vgl. R. Rebhahn, ZEuP 2002, S. 446 f.; derselbe, Die Zukunft der Kollektivautonomie in Europa, EuZA 2010, S. 62 (75 f.); B. Kurz, Arbeitsrecht in Schweden, in: Arbeitsrecht in Europa, hrsg. von M. Henssler und A. Braun, 3. Auf., Verlag Dr. Otto Schmidt, Köln 2011, S. 1231 bis 1265, Rn. 172 ff.; J. Jørgensen, Denmark, in: S. Labour Law: A Practical Global Guide, hrsg. von A. Jausàs im Vereinigten Königreich 2011, S. 181, Rn. 12; N. Bruun, The Nordic Model for Employee Participation – Developments and Perspectives, EuZA 2015, S. 179.

[183] Vgl. W. Dütz und G. Thüsing, Arbeitsrecht, 22. Auflage, C.H.Beck, München 2017, Rn. 805.

Der soziale Dialog hat auf der Ebene der Union einen hohen Stellenwert, doch wirken die Sozialpartnereinigungen hier nicht *als solche* normativ.[184] In den Niederlanden, in Belgien und in Österreich sowie in Skandinavien hat die Sozialpartnerschaft staatliche *Verankerung* erfahren, wohingegen die Sozialpartner in Deutschland, England, Frankreich, Italien und Spanien nicht so fest in die Wirtschafts- und Sozialpolitik einbezogen sind.[185]

Der (Rechts-)Vergleich fokussiert *hinter*gründig zwar auf die europäischen Arbeits*beziehungen*, *vorder*gründig aber auf die Rechtslage der Mitgliedstaaten, um den dafür von eben*diesen* vorgegeben Rahmen und damit die Strukturen des kollektiven Rechts der Arbeit in Europa zu umreißen.[186]

---

[184] Art. 154 und Art. 155 AEUV. Vgl. A. Junker, Europäische Vorschriften zum Tarifvertrag, EuZA 2014, S. 1 (12).
[185] Vgl. A. Jacobs, Labour and the Law in Europe, S. 99.
[186] Vgl. R. Rebhahn, ZEuP 2002, S. 445 f. Vgl. R. Blanpain (Hrsg.), Comparative Labour Law and Industrial Relations in Industrialized Market Economies, Kluwer Law International, 2010.

Tarifverträge, das sind *kollektive* Verträge, können zwischen einer Gewerkschaft und einem Verband der Arbeitgeber oder, mit *Ausnahme* in Österreich, mit einem einzelnen Unternehmer geschlossen werden.[187]

Die Zulässigkeit von Unternehmenstarifen sagt noch nichts über die Verbreitung, nichts über die wachsende Bedeutung in verschiedenen Ländern und nichts über die Gründe für diese Entwicklung aus; dies wäre gesondert zu erheben.[188] Sie haben bislang in Ergänzung der Verbandstarifverträge zuvörderst die Rechte der Arbeitnehmer erweitert, wohingegen sie nunmehr vielerorts und zunehmend *ebenso* der Flexibilisierung oder der (zeitweisen) Verschlechterung dienen, *so* neuerdings (auch) in Griechenland.[189]

---

[187] Vgl. R. Rebhahn, The International Journal of Comparative Labour Law and Industrial Relations 19/3 (2003), S. 274; N. Bardenhewer, Der Firmentarifvertrag in Europa – Ein Vergleich der Rechtslage in Deutschland, Großbritannien und Frankreich, Nomos, Baden-Baden 2006.

[188] Vgl. R. Rebhahn, ZEuP 2002, S. 446.

[189] Vgl. R. Rebhahn, Flächen- oder Unternehmenstarifvertrag – eine rechtsvergleichende Umschau, NZA Beil. 2011, S. 65; N. Nieto, Spanisches Arbeitsrecht in den Jahren 2010 bis 2012: eine Zeit bedeutsamer Änderungen, EuZA 2012, S. 570; F. Temming, Griechisches und deutsches Arbeits- und Sozialrecht im Vergleich – Symposion am 12.7.2013 an der Universität zu Köln, EuZA 2014, S. 51 (57).

Tarifautonomie entfaltet sich nur soweit, wie der Staat die Voraussetzungen dafür schafft (belässt): Dabei geht es nicht *nur* um spezifische Tarifrechtsfragen, sondern beispielsweise auch darum, ob der Staat eher geneigt ist, Arbeitsbedingungen *selbst* zu regeln, was mit der (abnehmenden) Reichweite von Tarifverträgen zusammenhängen kann.[190]

Die tarifvertragliche Deckungsrate liegt im EU-Durchschnitt in etwa bei 60 % der Beschäftigten, doch reicht die Spannweite von unter 20 % in Litauen über ein Drittel in Ungarn bis über 90 % in Frankreich oder Belgien; in Deutschland ist mehr oder weniger die Hälfte tarifgebunden.[191]

In Österreich ist die Tarifbindung fast flächendeckend, was damit zu tun hat, dass Tarifverträge auf Arbeitgeberseite von der gesetzlichen Interessenvertretung mit *Pflicht*mitgliedschaft (Wirtschaftskammern) geschlossen werden und auf Seiten der Arbeitnehmer Gewerkschaften im ÖGB fest verbündet sind.[192]

Insoweit Dezentralisierung unerwünscht ist, wird versucht, die Tarifverhandlungen durch Koordination wieder zu bündeln; die jeweils gewählte Regelungsebene ist, sofern der Staat nicht eingreift, *ein* Ausdruck der Tarifautonomie.[193]

---

[190] R. Rebhahn, Die Zukunft der Kollektivautonomie in Europa – Tarifautonomie im Rechtsvergleich, EuZA 2010, S. 62 (71 ff.).

[191] Vgl. ETUI (2013), http://de.worker-participation.eu/Nationale-Arbeitsbeziehungen/Quer-durch-Europa/Tarifverhandlungen; Eurofound (Juni 2003), Tarifbindung und Übertragungsverfahren.

[192] Vgl. F. Marhold und M. Friedrich, Österreichisches Arbeitsrecht[3] (2016), S. 413 ff. (Kollektives Arbeitsrecht).

[193] Vgl. R. Rebhahn, Die Zukunft der Kollektivautonomie in Europa, EuZA 2010, S. 62 (70).

In einer Reihe von Staaten, darunter: Österreich, Deutschland, Frankreich, Spanien und Italien, ist der Tarifvertrag in seinem Anwendungsbereich *unmittelbar* rechtsverbindlich; in Belgien *gilt* er als Teil des (Individual-)Arbeitsvertrages.[194]

Demgegenüber ist der Arbeitgeber in Dänemark wie auch in Schweden allein der Gewerkschaft gegenüber verbunden, sich daran zu halten; nur sie ist zum Rechts*streit* berufen, falls der Tarifvertrag Rechtsfragen aufwirft.[195] Der Nichteinhaltung des Tarifs kann die Gewerkschaft in Italien *dann* klageweise Einhalt gebieten, wenn solche gegen die Gewerkschaft gerichtet ist.[196]

---

[194] Vgl. D. Matray und B. Hübinger, Arbeitsrecht in Belgien, in: Arbeitsrecht in Europa, hrsg. von M. Henssler und A. Braun, Verlag Dr. Otto Schmidt, 3. Aufl., Köln 2011, S. 139 bis 201, Rn. 174.

[195] Vgl. R. Rebhahn, The International Journal of Comparative Labour Law and Industrial Relations 19/3 (2003), S. 277 f; S. Krieger und M. Schmidt-Klie, Kollektives Arbeitsrecht im Vereinigten Königreich – ein vergleichender Überblick, EuZA 2014, S. 161 ff.

[196] Vgl. R. Rebhahn, EuZA 2010, S. 83 f.

In Großbritannien ist der Tarifvertrag allseits *un*verbindlich, könnte aber, auch schlüssig, in die Arbeitsverträge einbezogen werden.[197] Die vertragliche Bezugnahme auf den Tarifvertrag ist in Deutschland verbreitet, um gleiche Arbeitsbedingungen sicherzustellen.[198] Das Erfordernis *beider*seitiger Tarifbindung kraft Mitgliedschaft würde es erlauben, nicht gewerkschaftlich organisierte Arbeitnehmer anders, *schlechter* zu behandeln.[199] Das trifft auch auf die Niederlande und auf Schweden zu, wenn der Tarifvertrag nicht *auch* für *Außenseiter* gedacht ist.[200] Eine Außenseiterwirkung besteht in Österreich, Frankreich, Italien, Finnland und in der Tschechischen Republik; in Griechenland *nicht* für Branchentarife.[201]

---

[197] Vgl. A. Harth und A. Taggart, Arbeitsrecht in Großbritannien, in: Arbeitsrecht in Europa, hrsg. von M. Henssler und A. Braun, Verlag Dr. Otto Schmidt, 3. Auflage, Köln 2011, S. 487 bis 546, Rn. 105 f.

[198] Vgl. W. Dütz und G. Thüsing, Arbeitsrecht, 22. Auflage, C.H.Beck, München 2017, Rn. 284 f.

[199] Vgl. M. Franzen, Allgemeine Fragestellungen des Tarifvertragsrechts: Parteien, Wirkung, Geltung und Beendigung des Tarifvertrags, in: C. Kietaibl, R. Mosler und H. Pačić (Hrsg.), Gedenkschrift für Robert Rebhahn, Manz, Wien 2019, S. 61 bis 73 (66).

[200] Vgl. R. Rebhahn, EuZA 2010, S. 67.

[201] Vgl. M. Leppä und S. Henne, Arbeitsrecht in Finnland, in: Arbeitsrecht in Europa, hrsg. von M. Henssler und A. Braun, Verlag Dr. Otto Schmidt, 3. Aufl., Köln 2011, S. 289 bis 336, Rn. 187; R. Rebhahn, Rechtsvergleichendes zur Tarifbindung ohne Verbandsmitgliedschaft, RdA 2002, S. 215; K. Kerameos und G. Kerameos, Arbeitsrecht in Griechenland, in: Arbeitsrecht in Europa, hrsg. von M. Henssler und A. Braun, Verlag Dr. Otto Schmidt, 3. Auflage, Köln 2011, S. 393 bis 486, Rn. 183; T. Linhart und R. Ranič, Arbeitsrecht in Tschechien, in Arbeitsrecht in Europa, S. 1463 bis 1510, Rn. 166 und 172.

Wo Tarifverträge auf Arbeitsverträge *ein*wirken, da wirken sie sich regelmäßig wie auch im Zweifel einseitig zwingend aus: zugunsten der Arbeitnehmer, was in Frankreich und Italien mit dem Schutzprinzip *und* mit der Tarifautonomie begründet wird; zweiseitig zwingende Tarifnormen würden in Deutschland und Spanien als unzulässige Eingriffe in die Privatautonomie und in den Wettbewerb gesehen, sind aber zum Beispiel in Österreich, vor allem aber in Schweden zulässig: Mindest- *als* (einheitliche, wettbewerbsfreie) Höchstarbeitsbedingungen.[202]

In manchen Staaten, darunter Deutschland, Frankreich und Österreich, wirkt ein beendeter Tarifvertrag dispositiv *nach*.[203] *Tarif*dispositives *Gesetzes*recht nimmt zwar relativ wenig, aber vermehrt Raum ein, mitunter als Vorstufe zur Deregulierung, *so* unlängst in Italien.[204]

---

[202] Vgl. R. Rieble (Hrsg.), Reformdruck auf das Arbeitsrecht in Europa, § 2, Referat S. Evju: Die Sicht der skandinavischen Länder, Rn. 23; N. Hilgenstock, Günstigkeitsvergleich im Arbeitsrecht, wvb, Berlin 2007, S. 124.
[203] Vgl. R. Rebhahn, EuZA 2010, S. 80.
[204] Vgl. R. Rebhahn, EuZA 1/2008, S. 39 bis 67; V. Leccese und I. Scanni, Änderungen im Arbeitsrecht Italiens in den Jahren 2009 bis 2011, EuZA 2012, S. 558 f.

Zumeist sind Tarifverträge gesetzlich geregelt, nicht aber etwa in Dänemark, kaum in Italien und Großbritannien.[205] Eine feste Zuteilung von Regelungsbereichen zu den Verbands- oder den Unternehmenstarifverträgen ist ausnehmend ungewöhnlich.[206]

Erstere gelten für gewöhnlich bloß für verbandsangehörige Arbeitgeber, doch reichen sie mancherorts über den Kreis der Mitglieder des tarifschließenden Arbeitgeberverbandes hinaus; in Spanien sind die Tarifverträge *der* Tarifparteien, welche die Mehrheit der Arbeitsvertragsparteien repräsentieren, (per se) allgemeinverbindlich, in Finnland gilt das allein für mehrheitlich angewandte, in Italien nur hinsichtlich ihrer Entgeltregelungen, in Schweden und Dänemark setzen die Gewerkschaften häufig Tarifbedingungen faktisch auch gegenüber nicht organisierten Arbeitgebern durch.[207]

---

[205] Vgl. L. Steinrücke und M.H. Würtz, Arbeitsrecht in Dänemark, in: Arbeitsrecht in Europa, hrsg. von M. Henssler und A. Braun, Verlag Dr. Otto Schmidt, 3. Auflage, Köln 2011, S. 203 bis 260, Rn. 136; S. Radoccia, Arbeitsrecht in Italien, in: Arbeitsrecht in Europa (2011), S. 607 bis 680, Rn. 360 bis 412; A. Harth und A. Taggart, Arbeitsrecht in Großbritannien, in: Arbeitsrecht in Europa, S. 487 bis 546, Rn. 104 ff.

[206] Vgl. R. Rebhahn, The International Journal of Comparative Labour Law and Industrial Relations, Band 19/3, 2003, S. 271-295 (275).

[207] Vgl. R. Rebhahn, Rechtsvergleichendes zur Tarifbindung ohne Verbandsmitgliedschaft, RdA 2002, S. 214 (217).

In *vielen* Staaten kann (oder muss) der Tarifvertrag unter Umständen *hoheitlich* für allgemeinverbindlich erklärt werden, zum Beispiel in Frankreich, Tschechien oder in Slowenien, *nicht* in Dänemark oder Großbritannien.[208] Mehrere Staaten setzen für derlei Erstreckung über seinen *Anwendungs*bereich hinaus: überwiegende Bedeutung voraus, darunter Österreich sowie Deutschland; die Erstreckung über den (räumlichen sowie den fachlichen) *Geltungs*bereich hinaus ist selten, aber in Spanien und Frankreich bei längerem Fehlen geeigneter Tarifparteien, in Österreich bereits bei Fehlen eines Tarifvertrages möglich.[209]

Die Erstreckung vermag die tariflichen Arbeitsbedingungen zu sichern, kollektive Verhandlungen zu unterstützen wie auch zum Verbandsbeitritt zu motivieren, was in den Niederlanden, Italien und Spanien betont wird; sie beschränkt allerdings den Wettbewerb, umso stärker, je größer das Gebiet ist, worauf erstreckt wird, je ortsgebundener die Arbeitnehmertätigkeit ist und je geschlossener die Wirtschaft ist.[210]

---

[208] Vgl. R. Rebhahn, Kollektivvertragsfähigkeit und Erstreckung von Kollektivverträgen in rechtsvergleichender Sicht, DRdA 2001, S. 103 ff.; L. Steinrücke und M. Würtz, Arbeitsrecht in Dänemark, in: Arbeitsrecht in Europa (2011), S. 203 bis 260, Rn. 135; A. Harth und A. Taggart, Arbeitsrecht in Großbritannien, in: Arbeitsrecht in Europa (2011), S. 487 bis 546, Rn. 105; R. Rieble (Hrsg.), Reformdruck auf das Arbeitsrecht in Europa (2006), § 2, Referat von S. Evju: Die Sicht der skandinavischen Länder, Rn. 25; M. Huger (Hrsg.), Employment Law in CEE (2010), S. 172.

[209] Vgl. R. Rebhahn, RdA 2002, S. 217.

[210] Vgl. R. Rebhahn, RdA 2002, S. 215 ff.; derselbe, EuZA 2010, S. 69; A. Jacobs, Labour and the Law in Europe, S. 43.

Falls der Tarifvertrag nicht erstreckt ist, stellt sich die Frage, inwieweit der Arbeitgeber sich durch Austritt aus dem Verband vom Tarifvertrag lösen kann; das wird kaum zugelassen, doch einige Staaten, wie Spanien und Polen, erlauben es ihm bei wirtschaftlichen Schwierigkeiten, die Tarifvertragsanwendung zeitweise auszusetzen.[211]

Die Möglichkeit der Erstreckung zeigt *eine* von sehr vielen arbeitsrechtlichen Nahtstellen zwischen dem privaten und dem öffentlichem Recht auf.[212]

Wo nur *ein* Tarifvertrag pro Betrieb und Arbeitnehmer zulässig ist, da muss eine Gewerkschaft mit einem Vertretungsmonopol ausgestattet oder aber ein Tarifvertrag (aus-)gewählt werden; ungeachtet der Tarifkultur sind Tarifkonflikte unerwünscht.[213]

Tariffähig sind in zahlreichen Staaten alle Gewerkschaften; in Deutschland setzten sie *begrifflich* Durchsetzungsfähigkeit voraus, in Großbritannien kommt es dagegen auf ein *Verfahren* zur *An*erkennung durch den Arbeitgeber an, subsidiär auf eine: Abstimmung in der Arbeitsstätte (bargaining unit); dort steht die *relative* Tariffähigkeit im Mittelpunkt.[214] In Nordeuropa und in Italien wird (absolute) Tariffähigkeit verhältnismäßig leicht bejaht, in Belgien und Österreich bestehen größere Hürden.[215]

---

[211] Vgl. Vgl. R. Rebhahn, EuZA 2010, S. 80.

[212] Vgl. R. Rebhahn, RdA 2002, S. 215.

[213] Vgl. A. Junker, Tarifeinheit im Betrieb – Rechtsvergleichend betrachtet, EuZA 2011, S. 449 f.

[214] Vgl. A. Junker, Kollektives Arbeitsrecht in Europa, RdA-Beil. 2009, S. 4 ff.

[215] Vgl. R. Rebhahn, EuZA 2010, S. 62 (77).

Die Tariffähigkeit der Gewerkschaft ist vor dem Hintergrund der Wirkungsmöglichkeiten der Tarifverträge zu sehen, mithin sind geringe Anforderungen unproblematisch, solange der Tarifvertrag nur für Mitglieder gilt oder (nur) relevant ist, falls er günstiger als Gesetz und Arbeitsvertrag ist; problematisch, falls der Tarifvertrag auch für Nichtmitglieder der Gewerkschaft gilt und zu Lasten der Arbeitnehmer vom Gesetz abweichen oder zweiseitig zwingend wirken kann.[216]

Bei einer Kollision überbetrieblicher Tarifverträge kommt es eher nicht mehr darauf an, welcher Tarif, welche Bestimmung *günstiger* ist.[217] Tarifmehrheit im Betrieb wird in Deutschland derart aufgelöst, dass *nur* der Tarifvertrag jener Gewerkschaft zur Anwendung gelangt, welche im Betrieb über die meisten Mitglieder verfügt; bezogen auf das einzelne Arbeitsverhältnis gilt als Kollisionsregel das Prinzip der Sachnähe: Spezialität.[218]

---

[216] Vgl. R. Rebhahn, EuZA 2010, S. 77.

[217] Vgl. R. Rebhahn, Der Vorrang der günstigeren Regelung aus rechtsver-gleichender Sicht, EuZA 1/2008, S. 39 bis 67 (60).

[218] Vgl. M. Franzen, Allgemeine Fragestellungen des Tarifvertragsrechts, in: Gedenkschrift R. Rebhahn, S. 68 f.

In Österreich findet auf die Arbeitnehmer der jeweilige dem Betrieb in *fachlicher* sowie örtlicher Beziehung entsprechende Tarifvertrag Anwendung, im *Misch*betrieb aber jener, welcher für den fachlichen Wirtschaftsbereich gilt, der für den Betrieb die maßgebliche *wirtschaftliche* Bedeutung hat, nur subsidiär wird der Tarifvertrag jenes fachlichen Wirtschaftsbereiches zur Anwendung gebracht, dessen Geltungsbereich ungeachtet der Verhältnisse im Betrieb die größere Anzahl von Arbeitnehmern erfasst; wird ein Arbeitnehmer in zwei Betrieben beschäftigt, für die verschiedene Tarifverträge gelten, so findet auf ihn der Tarifvertrag Anwendung, der seiner überwiegend ausgeübten Beschäftigung entspricht.[219]

---

[219] Vgl. W. Mazal, II. Der Kollektivvertrag, in: W. Mazal und M. Risak (Hrsg.), Das Arbeitsrecht, System und Praxiskommentar I, 33. Lieferung, Rz. 50 ff.

Jede Person hat in der Union das Recht, sich frei und friedlich mit anderen zu versammeln und zusammenzuschließen, was das Recht umfasst, Gewerkschaften zu gründen und solchen beizutreten.[220] Die Arbeitnehmer sowie die Arbeitgeber oder ihre jeweiligen Organisationen haben nach dem Unionsrecht und einzelstaatlichen Rechtsvorschriften und Gepflogenheiten nicht nur das Recht, Tarifverträge auf den geeigneten Ebenen auszuhandeln und zu schließen, sondern auch das Recht, bei Interessenkonflikten *kollektive* Maßnahmen zur Verteidigung ihrer Interessen, einschließlich Streiks, zu ergreifen.[221] Solche Maßnahmen dürfen die Grundfreiheiten insoweit einschränken, als ihre Zielsetzung unionsrechtsverträglich ist, das öffentliche Interesse geradezu darauf drängt und sie adäquat sind.[222]

---

[220] Art. 12 Abs. 1 GRC.

[221] Art. 28 GRC. Vgl. EuGH 21. 9. 1999, C-67/96 (Albany); EuGH 11. 12. 2007, C-438/05 (Viking); EuGH 18. 12. 2007, C-341/05 (Laval); EuGH 15. 7. 2010, C-271/08 (Kommission/Deutschland); EuGH 13. 9. 2011, C-447/09 (Prigge); EuGH 8. 9. 2011, C-297/10 und C-298/10 (Hennigs und Mai); EuGH 12. 12. 2013, C-267/12 (Hay); EuGH 4. 12. 2014, C-413/13 (FNV Kunsten Informatie en Media).

Vgl. E. Brameshuber, Das Recht auf Streik nach Art. 28 Grundrechtecharta – Ein Beitrag zur inhaltlichen Verortung, EuZA 2016, 46.

[222] Vgl. EuGH 1.12.2007, C-438/05, Slg. 2007, I-10779 (Viking Line); EuGH 18.12.2007, C-341/05, Slg. 2007, I-11767 (Laval).

Vgl. R. Mosler, Menschenbild und soziales Ideal im europäischen Arbeitsrecht, in: GedS. R. Rebhahn (2019), S. 349 ff; F. Hartmann, Zehn Jahre Viking und Laval: Zu Existenz und Notwendigkeit eines funktionalen Arbeitskampfbegriffs im Unionsrecht, EuZA 2018, S. 1 f.

Kampf*parität* ist in Deutschland und wohl auch in Schweden und Dänemark *prinzipiell* anerkannt, anders als in Frankreich, Italien, Spanien oder Portugal.[223] Verschiedenste Regelungen dienen der Wahrung der Verhältnismäßigkeit der Maßnahmen; hierzu zählen Urabstimmungen in Großbritannien und, für nicht gewerkschaftliche Arbeitskämpfe, in Spanien und Portugal.[224] Die Aussperrung scheint vielerorts bedenklich, teils wiederum unbedenklich oder mangels praktischer Relevanz lediglich von theoretischem Interesse zu sein.[225]

Die Häufigkeit von Streiks *um* einen Tarifvertragsabschluss folgt nicht unmittelbar aus der allgemeinen Streik*statistik*, weil in der Mehrheit der Mitgliedstaaten nicht nur solcherart Streiks zulässig sind, sondern auch solche gegen die Sozialpolitik oder um betriebliche Fragen, vor allem in romanischen Ländern;[226] in Österreich wird kaum gestreikt, in Ungarn und Deutschland etwas mehr, viel mehr in Finnland, Norwegen und Spanien, am meisten wohl in Frankreich.[227]

---

[223] Vgl. R. Rebhahn, The International Journal of Comparative Labour Law and Industrial Relations 20/1 (2004), S. 113 f.

[224] Vgl. R. Rebhahn, The International Journal of Comparative Labour Law and Industrial Relations 20/1 (2004), S. 114 f; A. Jacobs, Labour and the Law in Europe, S. 129 ff.

[225] Vgl. A. Jacobs, Labour and the Law in Europe, S. 142.

[226] Vgl. R. Rebhahn, Die Zukunft der Kollektivautonomie, EuZA 2010, S. 80.

[227] Der Standard, https://www.derstandard.at/story/2000091522287/oes-terreicher-sind-im-internationalen-vergleich-streikfaul (November 2018, mit einer Statistik aus dem Jahr 2016); WKO, Streiks in Österreich, Statistik vom September 2019.

Das Recht zu streiken wird in romanischen Ländern länger schon als Recht der Arbeitnehmer denn ihrer Gewerkschaften gesehen: Die Rechtmäßigkeit des Arbeitskampfs hängt, anders als in Deutschland, größtenteils *nicht* von der Streitausrichtung auf den Tarifvertrag ab und zur Friedenspflicht ist in Frankreich *das* anerkannt, was in Deutschland abgelehnt wird, nämlich: dass tarifgebundene Arbeitnehmer auch während der Laufzeit des Tarifvertrages streiken dürfen.[228]

Nordische sowie südliche Länder erlauben weitgehend auch Streiks zur Unterstützung: Sympathiestreiks, andere nicht.[229] Ein Streik zur *Durch*setzung der geltenden Tarifverträge ist in Frankreich und Italien gestattet, nicht aber in Deutschland und Österreich, auch nicht in Rumänien; liegt es am Arbeitnehmer, die Rechte aus dem Tarifvertrag durchzusetzen, so werden die Prozesskosten, die Verjährung (oder Verfall), der Verzicht und der Vergleich für ihn (sie) relevant.[230]

---

[228] Vgl. R. Rebhahn, ZEuP 2002, S. 438; derselbe, Der Arbeitskampf bei weitgehend gesetzlicher Regelung der Arbeitsbedingungen, DRdA 2004, S. 399 (Teil I) und DRdA 2004, S. 503 (Teil II); E. Feten, Arbeitskampf und kollektivvertragliche Friedenspflicht, in: GedS. R. Rebhahn (2019), S. 47 ff.

[229] Vgl. A. Junker, Kollektives Arbeitsrecht in Europa, RdA-Beil. 2009, S. 9.

[230] Vgl. R. Rebhahn, Flächen- oder Unternehmenstarifvertrag, NZA Beil. 2011, S. 64 ff; derselbe, EuZA 2010, S. 84; derselbe, EuZA 1/2008, S. 39 bis 67 (55); A. Junker, RdA-Beil. 2009, S. 9; R. Dimitriu, Romania's First Year within the EU, Some Charakteristics of the Romanian Labour Law, EJLL 1/2008, S. 89 bis 95 (94).

Die Verbreitung von Tarifverträgen wird von der Möglichkeit zum Arbeitskampf beeinflusst: Die mittel- und osteuropäischen Staaten zeigen zwar, dass die weitreichende Zulässigkeit von Streiks nicht *un*bedingt zu hoher Tarifbindung führt, doch kann die Ausgestaltung des Arbeitskampfes die Verhandlungsebene beeinflussen; so stützt die Offenheit für Boykottmaßnahmen in Schweden und Dänemark die Verbandstarife.[231]

Allgemein dürfte die Konfrontation bei Arbeitsbeziehungen im Rückgang begriffen sein, ohne dass die Kooperation steigt, was vielleicht auf einen schwindenden *kollektiven* Einfluss der Arbeitnehmer hinweist.[232] Die vorherrschende Haltung zu den kollektiven Arbeitsbeziehungen reicht historisch betrachtet von Unterdrückung über Toleranz und Anerkennung bis zur heute verbreiteten Integration in die gesellschaftliche Willensbildung, wiewohl mit Eindämmungstendenzen.[233]

---

[231] Vgl. R. Rebhahn, NZA Beil. 2011, S. 65.

[232] Vgl. R. Rebhahn, EuZA 2010, S. 80; Le Friant, Kollektivautonomie als Aufgabe und Herausforderung, EuZA 1/2010, S. 23.

[233] Vgl. A. Jacobs, Collective Labour Relations, in: B. Hepple und B. Veneziani (Hrsg.), The Transformation of Labour Law in Europe, A comparative study of 15 countries 1945-2004, Hart, Oxford und Portland, Oregon 2009, S. 201 ff.

Wer einen rechtmäßigen Streik ordnungsgemäß organisiert, haftet nicht für Schäden, doch ist im entgegengesetzten Falle die Haftung nicht schlechthin zu bejahen; mancherorts sind die Gewerkschaften schwerlich zur Verantwortung zu ziehen, und in Großbritannien ist ihre Haftung der Höhe nach begrenzt.[234]

Die Teilnahme an einem, auch rechtmäßigen Streik beendet in Dänemark das Arbeitsverhältnis, ohne (Rechts-)Anspruch auf Wiedereinstellung.[235] In Großbritannien und Österreich ist die dadurch bedingte Abwesenheit vertragswidrig, sodass kein Anspruch auf Entgelt gebührt, wenngleich *nicht* länger davon ausgegangen werden kann, dass eine Kündigung *aufgrund* des Streiks gerechtfertigt sei, wohingegen in den meisten Staaten schon länger davon ausgegangen wird, dass die Hauptpflichten aus dem Arbeitsvertrag bei Teilnahme an einem rechtmäßigen Streik *ruhen*; in Frankreich ist selbst im Falle der Teilnahme an einem *un*rechtmäßigen Streik nur bei grobem *Verschulden* mit Rechtsfolgen zu rechnen.[236]

---

[234] Vgl. A. Jacobs, Labour and the Law in Europe, S. 137 ff.

[235] Vgl. A. Junker, RdA-Beil. 2009, S. 8.

[236] Vgl. R. Rebhahn, The International Journal of Comparative Labour Law and Industrial Relations 20/1 (2004), S. 109 f.; E. Kohlbacher, Grundrecht auf Streik – Rechtsgrundlagen und Rechtsfolgen, ecolex 8/2015, S. 690; H. Krejci, Inwieweit kippt das Grundrecht auf Streik Österreichs tradierte Arbeitskampfdoktrin? ASoK 2015, S. 282; A. Mair, Das europäische Arbeitskampfrecht auf dem Weg nach Europa? JAS 2017, S. 44; A. Jeschke, Der europäische Streik – Konturen und Entwicklungsperspektiven eines gemeineuropäischen Streikrechts, Nomos, Baden-Baden 2006; S. Krieger und M. Schmidt-Klie, Kollektives Arbeitsrecht im Vereinigten Königreich – ein vergleichender Überblick, EuZA 2014, S. 161 ff.

Also kommen wir zu Fragen der Haftung im Arbeitsverhältnis: Aus diversen Gründen der Billigkeit haftet der Arbeitnehmer für dienstlich bedingte Schädigungen des Arbeitgebers (oder auch Dritter) nicht *un*bedingt.[237]

Wenngleich die Haftung der Arbeitnehmer in Großbritannien gesetzlich *nicht* eingeschränkt ist, werden die Ersatzansprüche dort nur äußerst selten gerichtlich geltend gemacht.[238] Auch in Italien *haftet* der Arbeitnehmer zivilrechtlich; rechtsrealistisch ist die volle Haftung in Anbetracht geförderter Versicherungen auch dort in der Regel nicht.[239] In Spanien gestattet schon das Zivilrecht dem Gericht eine Mäßigung der Haftung, um Härten zu vermeiden.[240]

Die meisten (Mitglied-)Staaten lassen die Haftung abhängig vom Verschuldensgrad entfallen oder eröffnen eine richterliche Mäßigungsmöglichkeit; *so* Österreich und Deutschland, ebenso Schweden, Dänemark, Norwegen, Frankreich, die Niederlande, Belgien und Finnland.[241] In einer Reihe von Staaten sind indes Höchstgrenzen für die Haftung festgelegt; so ist die Haftung in der Tschechischen Republik, Ungarn, Polen und der Slowakei mit einem Vielfachen der laufenden Bezüge, und höchstens mit dem halben Jahresgehalt begrenzt.[242]

---

[237] Vgl. J. Pačić, Die Haftung des Arbeitnehmers im Europäischen Rechtsvergleich, Teil I: Schädigung des Arbeitgebers, EuZA 1/2009, S. 47 bis 69; Teil II: Schädigung eines Dritten, EuZA 2/2009, S. 218 bis 234.

[238] Vgl. A. Harth, A. Taggart, Arbeitsrecht in Großbritannien, in: Arbeitsrecht in Europa[3] (2011), hrsg. von M. Henssler und A. Braun, Rn. 51.

[239] Vgl. I. Schelp, Die Haftungsbelastung des Arbeitnehmers bei Schädigung Dritter, Dissertation an der Juristischen Fakultät der Humboldt-Universität zu Berlin im Jahr 2003, S. 15 Fn. 69.

[240] Vgl. S. Finke, Die Minderung der Schadenersatzpflicht im spanischen Recht, Universitätsverlag Göttingen 2005.

[241] Vgl. J. Pačić, EuZA 1/2009, S. 60.

[242] Vgl. M. Huger (Hrsg.), Employment Law in CEE, S. 81, 98, 115 und 163.

Ist die Haftung des Arbeitnehmers im Innenverhältnis zum Arbeitgeber gemindert oder ausgeschlossen und haftet dieser dem Dritten nach zivilrechtlichen Regeln der Gehilfenhaftung *nicht*, kann das Arbeitsrecht die Unternehmerrisikosphäre des Arbeitgebers *erweitern*; wie in Österreich und Deutschland.[243]

In Belgien haftet der Arbeitgeber Dritten für alle Schäden aus einem fehlerhaften Verhalten seiner Arbeitnehmer; es wird ein Auswahl-, Überwachungs- oder Organisationsverschulden *un*widerleglich vermutet.[244]

---

[243] Vgl. J. Pačić, EuZA 2/2009, S. 230 f.
[244] Vgl. D. Matray und B. Hübinger, Arbeitsrecht in Belgien, in: Arbeitsrecht in Europa³ (2011), hrsg. von M. Henssler und A. Braun, Rn. 68 f.

Der Arbeitgeber ist überall verpflichtet, den Arbeitnehmer über alle Eckpunkte zum Arbeitsverhältnis *schriftlich* aufzuklären;[245] doch *darf* der Arbeitsvertrag mancherorts formfrei geschlossen werden; *so* in Österreich und in Portugal, *nicht* so in Ungarn, wo sich der Arbeitnehmer binnen 30 Tagen auf die Ungültigkeit berufen kann.[246]

Dichte und Intensität der *gesetzlichen* Regulierung variieren im Recht der Arbeit beträchtlich, was sich teils historisch, teils soziologisch und teils auch rechtsdogmatisch *erklären* lässt; in jedem Fall lassen sich Erfahrungen, Probleme und Erfolge der Mitgliedstaaten untereinander, füreinander nutzbar machen.[247] In vielen Mitgliedstaaten hat der Inhalt der Arbeitsverträge im Verhältnis zu den *kollektiven* und gesetzlichen Regelungen an Bedeutung gewonnen; *auch*, weil die Arbeitgeber zunehmend schriftliche Verträge verwenden und diese *vor*formulieren, als *allgemeine* Arbeitsbedingungen.[248]

---

[245] Richtlinie 91/533/EWG des Rates vom 14. Oktober 1991 über die Pflicht des Arbeitgebers zur Unterrichtung des Arbeitnehmers über die für seinen Arbeitsvertrag oder sein Arbeitsverhältnis geltenden Bestimmungen (Nachweisrichtlinie), ABl L 288, S. 32.
Vgl. EuGH 4.12.1997, C-253/96 bis C-258/96, Slg. 1997, I-6907 (Kampelmann); EuGH 8.2.2001, C-350/99, Slg. 2001, I-1061 (Lange).

[246] Vgl. F. Frey, Portugiesisches Arbeitsrecht im Wandel, EuZA 2014, S. 60; A. Gobert und I. Krisch, Arbeitsrecht in Ungarn, in: Arbeitsrecht in Europa, hrsg. von M. Henssler und A. Braun, 3. Aufl., Köln 2011, S. 1555 bis 1596, Rn. 5.

[247] Vgl. R. Rebhahn, Ziele und Probleme der Arbeitsrechtsvergleichung in Europa, ZEuP 2002, S. 436 ff.

[248] R. Rebhahn, Überlegungen zu weiteren europäischen Mindeststandards zum Arbeitsrecht, EuZA 2011, S. 295 (302 und 304); A. Jacobs, Labour and the Law in Europe, S. 44; V. Rieble (Hrsg.), Reformdruck auf das Arbeitsrecht in Europa (2006), § 6, Referat von R. Rebhahn: Die Sicht der deutschsprachigen Länder, Rn. 28.

Die Ausübung von Gestaltungsrechten darf in zahlreichen Staaten, darunter Belgien, nicht *erheblich* ins Arbeitsverhältnis eingreifen, weswegen sie hauptsächlich auf die Nebenabreden beschränkt bleibt.[249] In manchen Staaten, wie in Deutschland gibt es einen Änderungskündigungsschutz.[250] In Polen gelten die vom Arbeitgeber angebotenen Änderungen nach Ablauf der Hälfte der gesetzlichen Kündigungsfrist mangels Äußerung des Arbeitnehmers als angenommen.[251] Erhebliche Eingriffe in den Kern des Arbeitsverhältnisses können in England ein Recht zum Austritt begründen, welcher dann als Kündigung vonseiten des Arbeitgebers *gilt* (constructive dismissal).[252] Arbeitsrechtlicher (Inhalts-)Schutz vor *einseitiger* (Um-)Gestaltung wird jedoch merklich *gelockert*.[253]

---

[249] Vgl. M. Smits, Implicitie verbreking van de arbeidsovereenkomst en Ius Variandi, RW 1986-1987, S. 104; S. Sonck, Ius Variandi in het arbeidsrecht, RDS 1993, s. 405.

[250] Vgl. W. Dütz und G. Thüsing, Arbeitsrecht[22] (2017), Rn. 490 ff.

[251] Vgl. J. Franek, Polen: Abschluss, Änderung, Übergang und Beendigung des Arbeitsvertrages im Vergleich zum deutschen Recht, ZfRV 2000, S. 161 ff.

[252] Vgl. S. Amscher, Fiktion einer Arbeitgeberkündigung im englischen Arbeitsrecht, EuZA 2014, S. 342 ff.

[253] Vgl. N. Nieto, Spanisches Arbeitsrecht in den Jahren 2010 bis 2012: eine Zeit bedeutsamer Änderungen, EuZA 2012, S. 567; D. Niksova und J. Pacic, Das neue tschechische Arbeitsgesetzbuch auf dem Weg zur Flexibilität? EuZA 1/2008, S. 78 bis 88; R. Rieble (Hrsg.), Reformdruck auf das Arbeitsrecht in Europa – Wie reagieren nationale Rechtsordnungen? 3. ZAAR-Kongreß, ZAAR, München 2006, § 1, Referat von W. Ochel: Aussagekraft von internationalen Arbeitsmarktvergleichen.

Das Arbeitsverhältnis wird durch Einigung begründet und ist auf Dauer angelegt, doch kann Einmütigkeit auf Dauer kaum nach allen Seiten hin erhalten werden; Konflikte sind daher zu erwarten. Sowohl der Arbeitgeber als auch der Arbeitnehmer sind weithin gehalten, *ex fide bona* zu handeln.[254]

Arbeitnehmer bringen *mehr* in den Betrieb des Arbeitgebers ein als nur ihre Arbeitskraft, nämlich ein tiefgründiges Streben nach persönlicher Entfaltung und Teilhabe am sozialen Leben; Arbeit ist *keine* (bloße) Ware.[255] Damit geht eine begründete Erwartung einher, in ihrer Menschlichkeit geachtet zu werden.

Die *Würde* des Menschen ist unantastbar; sie *ist* zu achten und zu schützen.[256]

---

[254] Vgl. A. Jacobs, Labour and the Law in Europe, S. 63 f; G. Tavits, Entwicklungen und aktueller Stand des estnischen Arbeitsrechts, EuZA 2013, S. 126; A. Bronstein, International and Comparative Labour Law, S. 180 ff.

[255] Vgl H. Collins, Employment Law², Oxford University Press 2010, S. 3 f.; A. Bronstein, International and Comparative Labour Law, S. 180 ff.

[256] Art. 1 der Charta der Grundrechte der Europäischen Union.

Nachwort.

Rechtsvergleichung zeigt die Bandbreite der Regelungsmodelle in Europa auf und macht darauf aufmerksam, dass nicht nur die Regelungen, sondern auch ihre Auswirkungen verschieden sein können, aus unterschiedlichen Gründen.

Obschon es im Recht der Arbeit in Europa von Staat zu Staat noch erhebliche Unterschiede *im Einzelnen* gibt, gibt es in der Europäischen Union *auch* nicht unerhebliche Gemeinsamkeiten *im Grundsätzlichen*.